Margareta von Cortona

RR

Bernd Nagel

Margareta von Cortona

SELBSTBESTIMMT UND RELIGIÖS

Roland Reischl Verlag

Bibliografische Information der Deutschen Nationalbibliothek. Die Deutsche Nationalbibliothek verzeichnet diese Publikation in der Deutschen Nationalbibliografie; detaillierte bibliografische Daten sind im Internet über www.dnb.de abrufbar.

Die meisten Figuren und Handlungen sind frei erfunden. Ähnlichkeiten mit lebenden Personen wären rein zufällig, mit manchen verstorbenen jedoch beabsichtigt.

Titelfoto: © David Jackson by unsplash.com

Satz, Layout & Umschlaggestaltung: Roland Reischl

Alle Nutzungsrechte dieser Ausgabe:
Roland Reischl Verlag, Herthastr. 56, 50969 Köln, www.rr-verlag.de

Herstellung: BoD – Books on Demand, Norderstedt

ISBN: 978-3-943580-40-2

Für Dorothée Li

Inhalt

Anstöße zu diesem Buch

(1) Ein Kirchenbesuch in der Toskana

Als ich 2016 Ferien am Lago Trasimeno in Umbrien machte, erfuhr ich von einer Heiligengestalt aus Cortona, einem touristisch bedeutsamen Städtchen nördlich des Sees. In der ihr geweihten Kirche konnte ich mich mit biografischem Material versorgen; weitere Informationen fand ich zunächst im Internet. Margareta wird zu den *Beginen** gerechnet, einer Bewegung von Frauen, die aus der mittelalterlichen Zuschreibung der Frauenrolle ausgebrochen sind und bis heute als Vorbild selbstermächtigter Frauengemeinschaften dienen.

Die Lektüre der Schriften über Margareta, die 1728 – mehr als 400 Jahre nach ihrem Tod – heilig gesprochen wurde, machte mich bald misstrauisch. Zu sehr sprach aus ihnen die gängige Konstruktion eines so von der Kirche definierten gottgefälligen Lebens. Es ist allzu offensichtlich, dass es dabei nicht um die Würdigung der Persönlichkeit geht, nicht um eine Vertiefung in Gedanken- und Gefühlswelt eines Menschen und auch nicht um ein Verstehen von Entwicklung, Einfluss und Wirkung eines Lebens. Vielmehr ist es um die Herstellung eines Vorbildes zu tun, an dem man sich als gemeiner Mensch unter Berücksichtigung zentraler Begriffe der Moraltheologie wie Sünde, Buße, Umkehr und Heiligung bewundernd ausrichten soll. Zu erstrebendes Ergebnis ist ein in jeglichem Sinn keuscher Lebenswandel, ein- und angepasst an die vorgegebenen Ordnungen und dadurch leicht zu überwachen.

Schon damals versuchte ich, meine Zweifel in Worte zu fassen: Wenn doch die Margareta etwas mit den Beginen zu tun haben soll, dann kann sie kaum ein Vorbild für die sittliche Erziehung nach kirchlichem Format der damaligen Zeit abgeben. Handelt es sich hier nicht eher um eine Domestizierung entlaufener schwarzer Schafe, die man nur wieder einfangen konnte, indem man sie der Nachwelt als besondere Wesen mit entsprechend „heiliger“ Biografie vorstellte? So hat man immer wieder freiheitliche Bestrebungen eingehegt durch Gewährung von Privilegien oder Neuinterpretation der Lebensbewegungen posthum. Ist es nicht letztlich dem Heiligen Franziskus selbst so ergangen? Man braucht nur Assisi zu besuchen und den Personenkult auf sich wirken zu lassen, einen Blick in die Kirche zu werfen und an den restaurierten Fresken die Biografie des Franz zu studieren – man wird nichts mehr finden von einem kritischen Impuls, der dem Armutsideal, der Gewaltfreiheit und der Liebe zur Schöpfung anhaftete.

Ein zweiter Anflug von Misstrauen wurde mir spürbar, als ich vom jäh abgebrochenen Verhältnis der Margareta zum Burgherrn las. Als sie ihn von einer Handelsreise zurückerwartete, soll er lange ausgeblieben sein. Beunruhigt sah sie seinen Hund auf sich zukommen, doch von Raniero keine Spur. In der Achterbahn der Gefühle, hin- und hergeschleudert zwischen Hoffen und Bangen, zieht der Hund an ihr, führt sie in eine Waldlichtung, hin zu einem Reisighaufen, unter dem sie schließlich den Leichnam des Geliebten findet, der bereits Spuren der Verwesung aufweist. Unter die Räuber soll er gefallen sein. Ausgeraubt und getötet sollen sie ihn haben. Und Margareta ist schockiert, zum einen, so wird erzählt, über den unerwarteten Verlust, zum anderen über den schrecklichen Anblick, der in unvergleichbar beeindruckender Weise die Vergänglichkeit der körperlichen Schönheit ihr vor Augen führte, sodass sie ohne Zögern die ersten Schritte zur Abkehr von ihrem bisherigen Lebenswandel einleitet, um fortan wieder an die Frömmigkeit ihrer Kindertage anzuknüpfen.

Ein adliger Händler wird also überfallen und kommt zu Tode, was seine Lebensgefährtin über Sinn und Unsinn des Lebens nachdenken lässt. Hintergründe sind nicht zu erfahren. Ein Schlag des Schicksals eben. Margareta scheint auch nicht mehr zu verstehen, als dass sie sich schleunigst wieder in den Schoß der Kirche begeben sollte, wenn ihr Leben vor Gott den Wert eines Pfifferlings übersteigen soll.

So oder ganz ähnlich berichten die Quellen. Und ich fragte mich unwillkürlich, ob dieser Frau, „dem Geist nach mit allen Gaben ausgestattet“ nichts weiter in den Sinn kam, als über ihre Gottgefälligkeit zu reflektieren. Sollte sie, die in wilder Ehe mit Raniero lebte, nichts mitbekommen haben von den bedeutsamen politischen Konflikten, denen er schließlich zum Opfer fiel, wie ich aus einer einzigen anderen Quelle erfahre. Von wegen von Räubern überfallen. Bei der Jagd in einen Hinterhalt hat man ihn gelockt und erschlagen. Ein politischer Mord war es an einem, der in einem Machtkampf allzu deutlich Partei ergriffen hatte. Und davon sollte Margareta nichts geahnt haben? Ich begann, ihre Geschichte anders zu lesen und mich der Heiligenlegende zu entziehen. Wer war diese Frau wirklich, wenn man die Zusammenhänge der Zeit in die Zeilen, die ihr Leben beschreiben, hineinliest? Diese Frage hat mich beschäftigt, doch es bedurfte noch eines weiteren Anstoßes, bis die Idee für das Buch geboren war.

(2) Selbstbestimmte Sexualität im Mittelalter?

„Sprechendes Geschlechtsteil in der Klosterbibliothek“ – eine solche Überschrift in einem kirchlichen Pressedienst zu lesen, macht natürlich zunächst einmal neugierig.Forscherinnen haben, so der im Juli 2019 publizierte Artikel, in einer klösterlichen Bibliothek ein Stückchen Pergament entdeckt, erfahre ich. Christine Glaßner von der Wiener Akademie der Wissenschaften entschlüsselte den Fund mit einigen Kolleginnen. Es handele sich um den Bericht einer Jungfrau, die sich mit ihrer Vulva, die offensichtlich über Sprachvermögen verfügte, darüber auseinandersetzt, wer von ihnen wohl das größere Interesse der Männer wecken würde. Bedeutsam sei der Fund insofern, als man bislang dachte, der freie Umgang mit eigener Sexualität habe erst im 15. Jahrhundert in der städtischen Kultur begonnen. Nun stammt der Dialog aber unzweifelhaft bereits aus der Zeit um 1300. Deshalb muss man jetzt annehmen, dass es schon zu dieser Zeit Anlässe gab, derlei unkeusche Texte zu dichten, vorzutragen, vielleicht sogar zu inszenieren. Der Fund entstammt wohl einem Blatt, das zerschnitten und für ein anderes Werk weiterverwendet wurde.

Interessant erscheint den Mittelalterspezialisten auch der Umstand, dass man das Fragment ausgerechnet in einem Kloster gefunden hat. War es dort versteckt? Wurde es entdeckt und musste wegen seines Inhalts vernichtet werden?

Eine junge Frau behandelt das Verhältnis von Männern und Frauen in der Gesellschaft. Sie beschäftigt sich mit Fragen der Sexualität und scheut sich nicht, ihrem Intimbereich eine Stimme zu geben, sodass ein Gespräch entstehen kann über den männlichen Blick auf die Frau als Objekt zum Gebrauch und von der Natur bestimmt zur Unterordnung. Kritisch spielt sie mit dem Thema, lustvoll auch und bestimmt ein wenig unsicher mit der unbehaglichen Frage, ob sie den Anforderungen ihrer Umwelt entsprechen kann und überhaupt entsprechen will. Und was, wenn sie es nicht will?

Für mich steht fest: Hier muss ein Akt der Selbstermächtigung stattgefunden haben. So würde man es heute nennen, nicht um 1300. Wer ist diese Jungfrau? Wo lebt sie und wie? Hat sie Vorbilder für ihren Dialog oder Freundinnen, mit denen sie sich austauschen kann? Welche Erfahrungen hat sie mit Männern gemacht, die es auf ihre Jungfräulichkeit abgesehen hatten? Was hat sie von weiblichen Verwandten gehört oder miterlebt? Was hat sie im Unterricht der Kirche erfahren und was hat sie im Beichtstuhl ans Ohr des Priesters gebracht? Bagatellen, ausgedacht auf dem Weg zur Kirche oder unbedacht ausgesprochen auf eindringliche Nachfrage im Stil der peinlichen Befragung? Hat sie dem Pfarrer vom Gespräch mit ihrer Vulva erzählt? Wohl nicht. Wer weiß, welche Bußleistung ihr auferlegt worden wäre ...

Selbstermächtigung bezeichnet Prozesse, in denen Menschen sich ermutigen lassen, eine Macht zu erlangen, die ihnen ermöglicht, an politischen Entscheidungsprozessen teilzuhaben oder ganz schlicht Herausforderungen des Alltags in einer der eigenen Person angemessenen Weise zu bewältigen. Diese Prozesse müssen vor allem Menschen durchlaufen, oft schmerzhaft durchstehen, die durch Vorgaben und absolut gesetzte Normen der Umwelt diskriminiert oder marginalisiert sind. Empowerment wird der Prozess auch genannt in

Anlehnung an die US-amerikanische Black-Power-Bewegung, die gegenüber der rassistischen Politik die Gleichbehandlung erkämpft hat. Barbara Solomon hat in ihrer Arbeit „Black Empowerment: Social Work in Oppressed Communities" von 1976 den Begriff eingeführt.

Es geht also im Grunde um die Freiheit, als Selbst existieren zu können, ohne sich Handlungszwängen zu beugen, die von außen aufgrund sozialer Aspekte an den Menschen herangetragen werden. Damit richtet sich die Bewegung in erster Linie an Menschen, die durch Herrschaftsverhältnisse unterdrückt werden, lese ich in der ersten Ausgabe der Zeitschrift „Jalta – Positionen zur jüdischen Gegenwart". Es geht um die Gewinnung von Autonomie und die Stärkung der eigenen Persönlichkeit. Das Kollektiv spielt eine wichtige Rolle, weil sich in Gemeinschaft besser kämpfen lässt für erträgliche Lebensumstände und Entwicklungsmöglichkeiten. Machtlosigkeit kann in der Gruppe leichter überwunden werden, erlernte Sprachlosigkeit und Unterordnung unter scheinbar ewig gültige Gesetze der Machtverteilung in politischen Verhältnissen, wirtschaftlichen Gegebenheiten und Geschlechtervorgaben können in gegenseitiger Unterstützung entlarvt und zu Bewusstsein gebracht werden.

Beim Schreiben dieser Zeilen muss ich an viele Gespräche vor allem mit Frauen denken, die Anteilnahme an ihrem Weg aus vorgegebenen Rollenbildern, Abwertung, Geschlechterdiskriminierung und Disziplinierungsmechanismen gesucht haben. Und ich erinnere an prominent gewordene Personen und Bewegungen.

In Burkina Faso setzt sich die 53-jährige Blandine Sankara für regionale Ernährungskonzepte in Autonomie und Umweltschutz ein. Bewusst folgt sie den Spuren ihres 1987 ermordeten Bruders, der von 1983 an Präsident des Landes war und sich zuallererst für ein gerechtes Bildungssystem und für Frauenrechte engagierte und heute noch als „Held der Selbstermächtigung" gilt. Nachdem Blandine in Genf Soziologie studiert hatte, kehrte sie nach Burkina Faso zurück und gründete ihre Farm „Yelemani", was so viel wie „Veränderung" bedeutet. Mit natürlichen Anbaumethoden, Alphabetisierungskursen,

Demonstrationen gegen genmanipuliertes Saatgut aus dem Hause Monsanto, Hilfsprogrammen für Straßenkinder, Vergabe von Gratismedikamenten für arme Familien und in der Zusammenarbeit mit einigen Grundschulen setzt sie sich für die Veränderung der Lebensbedingungen vor Ort ein.

Aisha Kartal ist Bereichsleiterin der Beratungsstelle YASEMIN und des Wohnprojekts ROSA in Stuttgart. Hier werden junge Frauen unterstützt, die vor der Unterdrückung in ihren Familien geflohen sind. Auch hier ist von Selbstermächtigung die Rede, denn die Frauen wollen einen Weg aus Zwangs- und Gewaltverhältnissen herausfinden. Ohne je so etwas wie eine eigene Identität gespürt zu haben, erhalten sie eine neue Identität mit Biografie, Zeugnissen und Pässen, um sich gegenüber dem früheren Umfeld verborgen halten zu können. Die Frauen müssen ihr Ich entdecken, sagt Aisha Kartal in einem Interview, wissend, dass dieses Ich nie sein durfte. Umso wichtiger, dass die Frauen lernen zu definieren, was sie selbst wollen, meint die Begleiterin. Auch Nein zu sagen, muss gelernt werden – das war immer ein Tabu für Frauen. Auch Wünsche zu formulieren ohne Angst vor Strafe. Aisha Kartal wird gefragt, ob es die Religion sei, die die Frauen in die große Not bringe. Sie sagt, die Religion wird nur benutzt, um die Frauen kleinzuhalten; es geht nicht um Religion, es geht um das Patriarchat. Aus der Religion übernimmt man nur das, was einem in der eigenen Sache dient, erklärt sie.

„Jalta“ berichtet auch von Anat Hoffman, die zu den „Women of the Wall“ gehört. Seit 1988 gibt es die Bewegung, die sich allmonatlich zu Rosch Chodesch, dem Monatsanfang, an der Westmauer des Jerusalemer Tempels zu Lesung und Gebet trifft. Frauen haben sich dabei selbstermächtigt, die ihnen zugewiesene Geschlechterrolle zu verlassen und einen Gottesdienst an der Wand durchzuführen. Sofort gab es massive Anfeindungen gegen das Projekt: Angespuckt wurden die Frauen und geschlagen. Ihre Gottesdienstfeier wurde von Trillerpfeifen gestört. Das ultraorthodoxe Milieu um den für die Mauer zuständigen Oberrabbiner setzte sich gegen den Anspruch der Frauen zur Wehr, einen eigenen Gottesdienst zu feiern und dabei den den Männern vorbehaltenen Gebetsschal zu tragen und aus der Tora zu lesen. Die Frauen sind standhaft geblieben, auch wenn ihre Zusammenkünfte weiterhin von Beschimpfungen und Flüchen begleitet werden. Eine Entehrung des heiligen Ortes sei ihr Tun. Aber die Frauen fragen, was die größere Herabwürdigung der Kotel (Wand) ist, die singenden und betenden Frauen im Tallit (Gebetsmantel) oder die Äußerungen von Hass und Gewalt durch die Ultraorthodoxen. Es dauerte übrigens nicht lange, bis sich ihnen auch Männer anschlossen.

Schließlich wurde die Bewegung getragen von Angehörigen verschiedener religiöser Richtungen, sodass die Regierung sich mit dem Phänomen beschäftigen musste. Sie entschied 2016, am südlichen Teil der Westmauer eine Plattform für die egalitären Gottesdienste der „Women of the Wall" einzurichten. Natürlich gab es gleich wieder Proteste gegen diesen Beschluss. Von „Gotteslästerung" sprachen die Fundamentalisten, die ihren eigenen Bedeutungsverlust befürchteten. Die Knesset-Vertreter der ultra-orthodoxen Parteien drohten mit Aufkündigung der Regierungskoalition. Der Konflikt geht weiter. Was auch weitergeht, sind die Gottesdienste der Bewegung am südlichen Teil der Wand an jedem Rosch Chodesch.

Warum eigentlich dieser Tag? Er gilt in der jüdischen Tradition als „Feiertag der Frauen". Als solcher soll er die Anerkennung ausdrücken für den Widerstand der Frauen gegen den Bau des Goldenen Kalbs. Im 2. Buch Mose wird davon berichtet, dass das Volk den Mosebruder Aaron bittet, ihnen in Moses' Abwesenheit den kostbaren Stier zu bauen, sozusagen als greifbaren Gott. Die Frauen allerdings weigern sich, ihren Goldschmuck dafür herzugeben – wohl nicht, weil sie so sehr an ihrem Besitz gehangen haben, sondern weil sie sich gegen diesen Götzendienst wehren wollten. Und so muss Aaron den Befehl geben: „Reißt ab die goldenen Ohrringe an den Ohren eurer Frauen!" (2. Mose 32, Vers 2) Rosch Chodesch als Tag der Erneuerung, wofür der Vollmond ein Bild ist. Vollmond heißt hebräisch *lewana* und lewana ist weiblich. Rosch Chodesch als ein Tag der Selbstermächtigung von Frauen in der Wüste am Fuß des Sinai gegen jegliche Form von Götzendienst.

Alle Beispiele zeigen, dass es nicht um ein Konzept individueller Selbstverwirklichung geht, sondern Selbstermächtigung vielmehr ein Prozess gegen Unterdrückung und Benachteiligung ist. Und je länger ich darüber nachdenke, desto mehr wächst die Erkenntnis, dass die religiösen Bewegungen des Mittelalters genau diesen selbstermächtigenden Impuls hatten und dieser Impuls unterstützt werden kann durch eine spezifische Haltung der Seelsorge.

Längst bin ich in meinem Gedanken wieder in Cortona: Könnte Margareta in einem ähnlichen Akt der Selbstermächtigung gesprochen haben, wie er nun von ihrer unbekannten Zeitgenossin bekannt geworden ist?

Immerhin wird sie schon in ihrer Jugendzeit als unangepasst erlebt und beschrieben. Als die Händler die Bauern immer mehr drückten mit hohem Pachtzins, übersteigerter Ertragsforderung und niedrigem Preis, könnte es die 15-jährige Margareta gewesen sein, die die Leute nach und nach von der Möglichkeit der Verweigerung überzeugte. War es der Mut der Verzweiflung, der wieder erwachte bäuerliche Stolz oder schlicht die Angst vor absehbarem Elend, dass die Leute ihrer Idee folgten, einen Teil der Abgaben zurückzuhalten und in geheimen Höhlen zu verbergen? Listig proklamierten sie ein miserables Erntejahr. Und wenn der Ertrag an anderem Ort auch passabel war, so lag es hier an einem Pilz, der viele Pflanzen befallen hatte. Wohl konnte man ihn bekämpfen, dass keine Spur mehr von ihm blieb, aber ein beachtlicher Ernteteil war nicht mehr zu retten gewesen. Sollten die Herren mit Gewalt jeden Winkel durchsuchen oder einlenken für dieses Mal?

Die Begebenheit ist nicht verbürgt. Aber wenn etwas aus den Quellen getilgt wird, bedeutet das nicht, dass es nicht stattgefunden haben kann. Und wenn etwas nicht aufbewahrt wird im Gedächtnis, heißt das nicht, dass es sich nicht doch zugetragen hat.

Margareta war eine junge Frau, die schon als Kind gern mal einen eigenen Kopf gehabt hat und mit mancher Konvention ins Gericht ging. Sie soll ein Kind gewesen sein mit hellem Verstand und feurigem Gemüt. Als temperamentvoll wird sie charakterisiert, Heiterkeit gepaart mit großer Ernsthaftigkeit. In hauswirtschaftlichen Angelegenheiten wird ihr Geschick attestiert. Tüchtig, sensibel, andächtig und fromm, ja fromm vor allem. Alles in allem hochbegabt, ein Wunderkind würde man heute sagen. Man könnte misstrauisch werden und fragen, ob die glorifizierende Wertschätzung bereits der Beginn der Konstruktion einer Heiligenlegende ist.

Und sogleich stoße ich in den Quellen auf eine andere Seite. Eigensinnig und unzufrieden, schreibt da ein angeblicher Zeitzeuge. Josef Maria Mayer dichtet in 161 Versen ein Lied über die Margareta. Sein Urteil folgt dem landläufigen Klischee, mit dem man Einzelkinder abstempelt: begehren maßlos, langweilen sich, sind ungeduldig und verwöhnt. Schon bald sei ihr das ärmliche Haus der Eltern zu klein geworden, sodass sie sich abenteuerlustig auf den Straßen herumgetrieben und natürlich schon frühzeitig den Männern den Kopf verdreht habe. Ein geiles Luder halt. Und darin sind sich alle Zeugen einig: Sie war so unglaublich schön, dass ihr ein Burgherr aus dem nahen Montepulciano, der auch über eine kleine Burganlage im noch näheren Valiano verfügte, gänzlich verfallen war. Mit ihm trieb sie ihre Unzucht, setzte einen Bastard in die Welt und frönte dem Luxus. Und zu guter Letzt setzt mit dem tragischen Tod dieses Edelmannes die Bekehrungsgeschichte der Margareta ein. Sie erlebt eine radikale Umkehr, wie sie der Täufer am Jordan gefordert hat, als er in einem Kamelhaargewand den Bußfertigen zornig entgegenrief, dass die Axt den Bäumen an die Wurzel gelegt ist und jeder Baum, der nicht rechtschaffene Frucht bringt, abgehauen und ins Feuer geworfen wird.[1]

Nun ist die Heiligengeschichte gründlich vorbereitet und darf ihren Lauf nehmen in der kirchlichen Geschichtsschreibung, auf dass sie eingehe in die frommen Traktate für die Erziehungsprozeduren und Disziplinierungsmaßnahmen. Vor dem Stand der Heiligkeit muss es ja Verfehlungen geben, damit für den gemeinen Mann und natürlich auch für die gemeine Frau eine Identifikationsmöglichkeit entstehen kann – und schließlich der Vorbildcharakter im Wandel hin zum gottgefälligen Leben gemäß der kirchlichen Verkündigung, die stets um die Gottgefälligkeit weiß und urteilt.

Doch nicht so schnell und nicht alles auf einmal! Ich nehme mir Zeit, reise erneut an den Lago Trasimeno, noch einmal nach Cortona – besuche Montepulciano, Valiano, schließlich Laviano. Um dem Leben dieser Frau zu folgen, zwischen den vielen Zeilen zu lesen, die Schicht des Moralismus zu durchbrechen, die die sogenannten Informationen überzieht, die Heiligen-Biografie als „Waffe des ideologischen Kampfes", wie der Historiker Georges Duby es so treffend nennt, zu entlarven und dabei zu entdecken, dass in jeder Beschäftigung mit dem Vergangenen der Bezug zur Gegenwart steckt.

Im Folgenden habe ich die Geschichte der Heiligen Margareta von Cortona an fünf Darstellungen entlang-erzählt: Das Grabmal in der ihr geweihten Basilika in Cortona (Erstes Bild), die Statue am Dom von Cortona (Viertes Bild) sowie drei Darstellungen der Heiligen, auf die ich im Internet gestoßen bin. Die Gemälde spiegeln die Legende wider, von der sie eine biografische Sequenz einfangen und offensichtlich vom Auge ins Herz des Betrachters leiten wollen. Für mich wiederum ein Anstoß, sie aus einer anderen Perspektive zu betrachten.

Meine Geschichte ist keine Gegengeschichte. Sie beansprucht nicht die Wahrheit über die Patronin Cortonas, wie niemand über kein Leben die Wahrheit sagen kann, am wenigsten vielleicht über das eigene. So wie die Legende gestützt ist auf Quellen und Interessen, so ist es auch meine Erzählung. Nur beansprucht sie die größere Wahrscheinlichkeit für sich. Wer das Leben der Margareta mit theologischer Brille liest, entdeckt eine Frau, die Macht über ihr eigenes Leben gewinnt, sich dem Regime anderer über das Selbst entzieht, dem Regime über den Körper und über den Geist.

Ich bin mir dessen bewusst, dass ich aus meiner Perspektive auf das Leben der Margareta blicke, mit meinem Maßstab messe, mit meinen Fragen im Kopf erzähle. Von Historikern, vor allem Kunsthistorikern, werde ich zugleich belehrt, dass ich perspektivisch über ein Leben schreibe, das so etwas wie Perspektive wohl noch gar nicht kannte. Ich erinnere Sequenzen und Informationen aus dem damals so genannten Unterrichtsfach „Kunsterziehung". Demnach wurde im

Mittelalter die abbildende Kunst zur Darstellung wichtiger Ereignisse und herausragender biblischer Erzählungen genutzt. Die Absicht richtete sich darauf, relevante Machtkonstellationen für die Gegenwart und die Nachwelt vor Augen zu führen. Eine dargestellte Person wurde nicht nach ihrer Position im Raum abgebildet, sondern nach ihrer Bedeutung, sodass auch die Zuordnung der im Bild befindlichen Objekte nicht naturgetreu sein musste und selten ein stimmiges Gesamtbild zeigte. So lese ich in einer Klassenarbeit, die ich in der Mittelstufe zur Benotung vorlegen musste. Die Kunst der Renaissance hingegen legte Wert auf Bedeutung und Eigenart der individuellen Persönlichkeit.

Wo der Mensch zum Maß der Dinge geworden war und im selben Zuge der florierende Handel die Investition in Luxus erlaubte, wuchs auch das Bedürfnis, in einem Porträt auch tatsächlich die eigenen Züge eins zu eins wiederzufinden. Der Mensch als Maß der Dinge? Er macht sich daran, die Gesetze des Universums zu erfassen und blickt skeptisch auf eine undurchschaubare Weisheit des Weltenschöpfers. Er gerät in Konflikt mit klerikaler Auslegung der Wirklichkeit und findet die Mathematik als Schlüssel zum Verständnis der Welt. Es wird auf einmal möglich, die räumlichen Verhältnisse der Dinge auf der Leinwand zu zeigen, weil mathematische Gesetze die Berechnung exakter Maße erlauben. Entfernungen können dargestellt werden und damit auch Sinnzusammenhänge, weil dynamische Szenen im Bild erscheinen können, was wiederum einen Begriff für die Zeitlichkeit entstehen lässt – und damit in der Darstellung zeitlicher Abläufe auch Wirkungszusammenhänge erkennbar werden.

Nicht nur die Figuren eines Masaccio erscheinen plötzlich wie aus Fleisch und Blut, sondern auch ihre Stellung in der Umgebung wirkt wie vom menschlichen Auge des Betrachters gesehen. Und die Werke des Bildhauers und Baumeisters Brunelleschi sind aus der Kulturgeschichte nicht wegzudenken. Seine Erschließung der Perspektive macht die Wiedergabe der Wirklichkeit möglich, zumindest dessen, was man dafür hält. Und das ganze Bild wirkt wie ein Fenster, durch das man in einen Raum blickt. Alles eine Frage der Berechnung, und wo bald nur noch berechnet wird, wird mit Gott nicht mehr gerechnet. Zahlenspiele, Rechengrößen, Summen und Prozente, Messungen und Normierungen, Statistiken und Prognosen und Tabellen. Viel davon wichtig für die Erfassung der Perspektive. Perspektive soll Durchsehung bedeuten. Wir denken dabei an Blickwinkel und Standpunkt gleichermaßen.

Als Schüler habe ich die Perspektive der Zentralen, der Vögel und Frösche als Errungenschaft des 15. Jahrhunderts auswendig gelernt. Und jetzt, da ich mich einfühle und hineindenke in die Welt dieser Frau aus Laviano, da finde ich bereits die vorauslaufenden Spuren späterer Meilensteine der Kunst-, Theologie- und Menschheitsgeschichte.

Erstes Bild – Toter Körper

Ein merkwürdiges Gefühl ist es, vor dem Leichnam einer Frau aus dem 13. Jahrhundert zu stehen. Während ich erinnere und schreibe, blicke ich noch einmal auf das Bild und sehe diesen Körper, etwa 1,65 Meter groß, das Gesicht, durchaus gut erhalten, feine Züge, nur ein paar Zähne hat der schön geformte Mund eingebüßt im Laufe von 700 Jahren; das kann schon mal vorkommen. Erdfarben die Haut, fast farbgleich der beige Beginenumhang, in den der Leichnam gehüllt ist. Das Haupt ruht auf einem roten Kissen, rot ist auch die samtene Auskleidung der Innenwand des Schreins. Kleine Scheinwerfer bestrahlen die sterbliche Hülle und tauchen sie in einen heiligen Glanz. Ein auffällig umrandetes Schild mahnt zur Einhaltung gebotener Ruhe in drei Sprachen.

Im Gewölbe über dem Altarbereich der im neoromanischen Stil erbauten Basilika dominiert ein Himmelblau, in das die Begriffe Glaube, Hoffnung, Liebe und Frieden eingetragen sind, Norden, Süden, Osten, Westen.

41 Jahre wurde an der Kirche gebaut; genau 600 Jahre nach Margaretas Tod wurde sie fertiggestellt. Das kann vom Schicksal gefügt oder auch gute Planung genannt werden. Über einem alten Kirchengebäude aus dem 13. Jahrhundert ist sie aufgebaut. Das wiederum war an den Ort der Zelle gestellt worden, in welche die Begine sich zuletzt als Rekluse[2] zurückgezogen hat und in der sie der Erzählung nach auch gestorben ist.

Genau zur Lebensmitte kam Margareta in diese Stadt, deren Name ihr 450 Jahre später als Heilige angehängt werden sollte. Als sei sie heiliggesprochen zur Welt gekommen, bezeichnet man sie fortan für jede Lebensphase nur als die Heilige Margareta von Cortona. Und nun liegt ihr mumifizierter Körper im Altarraum der ihr geweihten Kirche hinter Glas. Fast 100 Jahre nach ihrem Tod wurde der Leichnam unverwest in der Grabkammer vorgefunden, was viele für ein Wunder hielten. Andere entdeckten tiefe Schnitte entlang der Oberschenkel und im Unterleib, was für die Einführung von Salz oder Natron spricht, um die natürliche Austrocknung des Körpers zu beschleunigen und ihn so vor Vergänglichkeit zu bewahren. So ist sie nun in ihrer Kirche zum Ausstellungsobjekt geworden, zugleich zum Ziel der jährlich stattfindenden Pilgergänge. Merkwürdig berührt bin ich. Andacht will sich nicht einstellen, weil mich die Frage nach der Totenruhe beschäftigt. Wollte ich nach meinem Ableben in einem Schrein aus Glas hinter einem Hochaltar liegen? Hätte Margareta dort liegen wollen, wenn sie darüber zu entscheiden gehabt hätte?

Cortona liegt am südlichen Hang des Monte S. Egidio in der toskanischen Provinz Arezzo im Südosten der Toskana. Heute eine Stadt mit 24.000 Einwohnerinnen und Einwohnern gehört sie zu den Zielen, die man gesehen haben muss, wenn man einmal in der Gegend ist – ein Muss allein schon deshalb, weil der Ort als Ursprungssiedlung der Umbrer aus dem siebten Jahrhundert vor unserer Zeitrechnung so geschichtsträchtig ist. Ein Ort, an den wohl viele Zeitgenossen reisen, um Marker der Sehenswürdigkeiten aus dem Reiseführer einzusammeln, die vor dem Besuch im Netz betrachteten Motive mit der vermeintlichen Wirklichkeit abzustimmen und im Minutentakt Eindrücke von der eigenen Bewegung in der Stadt zu versenden, wie Marco d'Eramo sicher sagen würde.[3] 35 Kilometer von Montepulciano entfernt, wo Margareta neun Jahre lang mit dem Burgherrn und Kaufmann Raniero gelebt hat. Und 25 von ihrem Geburtsort Laviano.

Nachdem Margareta am 22. Februar 1297 das Zeitliche gesegnet hatte, soll eine Person in einem Ort nahe Perugia den Geist der Verstorbenen gesehen haben, wie er in Begleitung zahlreicher geläuterter Seelen zum Himmel aufgefahren ist. So ist es als Teil im Heiligenpuzzle in der auf Notizen des Beichtvaters Giunta Bevegnati beruhenden Biografie nachzulesen. Wie sie im Leben viele Seelen gerettet haben soll, so vermag sie dies auch noch im Tod. Ganz sicher hat sie

Menschenleben gerettet. Ob nach der Vorstellungswelt klerikaler Geschichtsschreiber, bleibt die Frage. Gewiss aber in tatkräftiger Nächstenliebe in der Pflege und Behandlung der Kranken und von der Gesellschaft Aussortierten und in der Begleitung der Sterbenden, in der Unterstützung derer, die in Not geraten waren und indem sie denen, die unter Druck ihre Sprache verloren hatten, ihre Stimme im Aufbegehren geliehen hat.

Nun liegt sie im gläsernen Sarg, angetan mit dem beigen Habit der Franziskanerinnen des Dritten Ordens und mit dem Rosenkranz zwischen den wächsernen Fingern – Körper, Geist und Seele also säuberlich getrennt. Wollte man biblisch nicht glauben, dass im Zuge der Auferstehung von den Toten der ganze Mensch in einer Neuschöpfung bei Gott aufgenommen ist, weil er ja auch als Ganzer lebendiges Wesen wurde, nachdem Gott in die aus Erde geformte Gestalt seinen Atem gab? Hat sich die Christenheit doch eher platonischer Sicht verschrieben als der Vorstellung der Hebräer? Was liegt da eigentlich in dem durchsichtigen Kasten hinter dem Hochaltar von Santa Margherita?

Einen strammen Fußmarsch durch unwegsames Gelände muss Margareta hinter sich gehabt haben, als sie 1272 in Cortona eingetroffen ist. Heute fährt man mit dem Auto durch die zahlreichen Orte zwischen dem Lago Trasimeno und der Stadt am Berghang. Vom angezeigten Parkplatz aus führen Rolltreppen hinauf an einen Aussichtsplatz, von dem aus der Blick über die weite Ebene hinüber zum 30 Autominuten entfernten See geht. In der Stadt selbst findet sich die Patronin Margareta in Stein gehauen gegenüber dem Dom und man kann der Fassade des ehemaligen Hospitals entlanggehen, das Margareta vor allem für die Mittellosen der Stadt aufgebaut hat. Eine steile Straße, benannt nach ihr, führt hinauf zur Wallfahrtskirche, vorbei an einem Tor in der Stadtmauer, durch das sie damals hindurchgegangen sein soll. Diese Straße geht über in einen Kreuzweg bis hinauf zur Kirche, die den Abschluss der Pilgerroute markiert, auf der jedes Jahr aufs Neue zahllose Gläubige und wahrscheinlich auch Nichtgläubige unter Mühen bergangehen.

Während ich hinaufschreite, beschäftigt mich die Frage, ob der Glaube diese Form der Materialisierung nötig hat. In die Gedanken mischt sich die körperliche Wahrnehmung, dass es durchaus etwas anderes ist, den Weg zur Gedächtniskirche abzuschreiten Schritt für Schritt, als ihn am Kaminfeuer mit einem Glas Wein auf dem Tisch auf Fotos im Bildband zu betrachten.

Und genauso ist es etwas anderes, Margareta unmittelbar vor sich als tatsächlichen Körper zu sehen. Es bleibt aber auch die emotionale Abwehr. Möchte ich eigentlich die Verstorbene aus längst vergangener Zeit hinter Glas bestaunen? Ich stelle fest, dass mein Aufenthalt am Hochaltar nach kurzer Zeit beendet ist.

Wie hast du selbst gedacht über den Tod, Margareta? Bestimmt hat sie sich mit dem Tod auseinandergesetzt. Sie hat ja ausreichend Bekanntschaft mit ihm gemacht, als sie im Hospital und in den Häusern die Sterbenden begleitete. Zudem ist sie dem Tod ja schmerzhaft genug begegnet im engsten Kreis: die früh verstorbene Mutter, der gewaltsame Tod des Lebensgefährten, der Tod der Freundin Cara durch schwere Krankheit. Hat sie sich manchmal selbst den Tod gewünscht?

Ich lasse sie mit Mariana über den Tod sprechen und schreibe auf, was die engste Vertraute ihr sagt.

Mariana: „Als Ärztin kann ich es gut verstehen, wenn euer Apostel im Brief an die Leute in Korinth den Tod als letzten Feind bezeichnet.[4] Fast täglich kämpfe ich gegen diesen Feind."

Margareta: „Manche lehren uns aber auch, dass der Tod zum Leben gehört, das vom ersten Tag an Stunde um Stunde auf ihn zusteuert. Ich sehe Menschen in unserem Krankenhaus sterben und mir ist, als täten sie es leichter, wenn sie den Tod als etwas ganz Natürliches im Kreislauf von Werden und Vergehen auffassen können."

„In der Tora streitet der Ewige gegen den Tod: ‚Ich habe dir heute vorgelegt das Leben und das Gute, den Tod und das Böse, damit du das Leben erwählst und am Leben bleibst.'"[5]

„Aber wir leben doch noch nicht in der neuen Welt, in der es keinen Schmerz und keine Trauer, kein Geschrei und keinen Tod mehr geben wird. Alt und lebenssatt sind auch Abraham und Isaak gestorben und der Tod hatte nichts Bedrohliches für sie. Auch das Leben dieser Väter hatte ein Ende. Und selbst wenn der Prophet ein Leben unter neuem Himmel auf neuer Erde verheißt, in dem es keine Kinder mehr geben soll, die nur wenige Tage leben und keine Alten, die ihre Jahre nicht erfüllen, so ist selbst dort das menschliche Leben ein begrenztes Leben."

„Trotzdem setze ich alles, was mir zur Verfügung steht, gegen den Tod ein, solange es geht. In meinem Glauben hat das Leben den allerhöchsten Wert und wer ein Leben rettet, der ist, als hätte er die ganze Menschheit gerettet, und wer ein Leben vernichtet, der ist, als hätte er die ganze Menschheit vernichtet. So lehrt es der Talmud.[6] Und ein Leben für eine Stunde gilt für das ganze Leben."

„Heißt das, dass eine Stunde oder sogar eine Minute des Lebens so viel gilt wie ein ganzes Leben?"

„Genau das kann es heißen. Und die Bedeutung der Lehre ist, dass der Sinn und der Wert eines Atemzugs nicht infrage gestellt werden darf. Es geht in jedem Fall darum, das Leben zu retten, wo immer es möglich ist. Selbst die Heiligung des Sabbats[7], und du weißt, wie unumgänglich wichtig die Heiligung des Sabbats ist, selbst die Heiligung des Ruhetags muss zurückstehen, wenn es gilt, ein Leben zu retten."

„Aber manchmal stehen wir doch vor einem Leben, das gar nicht mehr als solches gelten kann ..."

„Wer will darüber urteilen! Es ist eine Gefahr, wenn wir uns anmaßen zu beurteilen, ob ein Leben noch als Leben betrachtet werden soll. Eigentlich darf es die Frage, ob ein Leben noch lebenswert ist, nicht geben.

„Jetzt sprechen wir vom Leben, aber wie betrachten wir den Tod? Franziskus hat die Gewalt des Todes erfahren, mit 44 Jahren, völlig kraftlos und fast blind. Und er lässt zwei Brüder den Sonnengesang aufsagen und bestreitet dem Tod damit die Macht. Durch ihn, den Tod, lobt er Gott, weil kein Mensch ihm entrinnen kann und er dem Leben gemäß der Schöpfung eine Grenze setzt. Er wusste, dass er sich auf den verlassen kann, der vorausgegangen ist, um in Gottes Haus die Wohnungen zu bereiten."[8]

„Das sind schöne Bilder: bereitete Wohnungen, genug Platz für alle, keine Sorgen, keine Not, Samenkörner, in die Erde gelegt, die sterben und dann neu erblühen. Mag sein, dass es so oder so kommt, aber für mich herrscht zu viel Spannung zwischen diesseits und jenseits. Ich habe keine Landkarte des Jenseits, über die deine Kirche wohl eher verfügt. Ich halte es mit Maimonides[9], der in seinem letzten Glaubensartikel feststellt, dass die Auferstehung zu einem Zeitpunkt und in einer Weise stattfindet, die allein in Gottes Ratschluss liegt. Das muss als Konkretion genug sein. Die Seele soll eingebunden sein im Bund des Lebens, sagt die Schrift.[10] So soll es für alle gelten, für Lebende und für Tote."

Hat Mariana weitergesprochen, wie wir es von Levinas[11] kennen? Hat sie die Freundin daran erinnert, dass Mose und die Propheten weniger beschäftigt waren mit einem Leben nach dem Tod und mehr mit der Gerechtigkeit für Witwen und Waisen? Hat sie ihr gesagt, dass das Buch der Endlichkeit keine Unsterblichkeitsfantasien gegenüberstellt, dass nicht der Endlichkeit widersprochen wird, sondern der Vergeblichkeit, vor welcher der Mensch sich fürchtet, wenn er den Tod vor Augen hat? So würde es Klara Butting deuten; das eigentliche Drama, dass der Tod am Ende der Tage scheinbar die Nichtigkeit ins Leben hineinschreibt. Als hätte alles, was gewesen ist, zuletzt keine Bedeutung, weil es mit dem Ausgehauchten ins Nichts versinkt.[12]

Dieser Annahme von Vergeblichkeit soll widersprochen sein. Das ist der Kern der Hoffnung auf Ewigkeit, dass Gott das Leben nicht dem Tod überlässt. Darin sind sich die beiden einig.

Wenn ein Mensch sich für das Leben entscheidet, dann wirkt er und gewinnt Anteil an Gottes neuer Welt, und diesen Anteil kann ihm der Tod nicht nehmen. Kein guter Gedanke, keine gerechte Tat, kein Gebet und kein Gesang für Schalom wird vergessen. Jedes wahre Wort, jede offene Hand und jeder Ruf nach Gerechtigkeit bleibt als Spur erhalten für die, die nach uns kommen und weiterbauen an der kommenden Welt in der Kraft Gottes.

Und der Tod? Die Frauen setzen ihm mit den vielen, die vor ihnen lebten und mit den vielen, die nach ihnen gekommen sind, ein „Dennoch“ entgegen. Dennoch bleibe ich stets an dir; denn du hältst mich bei meiner rechten Hand, sagt der Psalm.[13] Du leitest mich nach deinem Rat und danach nimmst du mich in Ehren hinweg.[14] Wenn ich mein Leben, nicht irgendein Leben, sondern wirklich mein Leben gelebt habe, dann werde ich in Kabod, in der Erfüllung meines Daseins, im Ansehen und Ehre vor Gott sterben.

Im Lebensbericht, den der gute Bevegnati angeregt hat, lese ich, dass der tote Körper in einer feierlichen Prozession durch die Stadt getragen wurde. Einen Menschenauflauf, wie man ihn noch nicht gesehen hatte bei einem Begräbnis, soll es gegeben haben. Honoratioren aus Kirche und Politik stehen nach der Beschreibung Spalier und zollen der Dahingeschiedenen ihren Respekt und ihre Anerkennung. So hat wohl der mönchische Beichtvater das Hinwegnehmen in Ehren verstanden. Tausende Gläubige aus Nah und Fern, so viel Ehre im Tod, und doch so ganz nach dem menschlich-irdischen Maß, viel und großartig. So soll das Leben der Begine zum Tod gekommen sein und weitergewirkt haben in Wundertaten reich an Zahl.

Schon wieder bin ich zu schnell, bin schon am Ende angelangt. Vorne ist zu beginnen. Das Ende muss noch warten.

Zweites Bild – Aufnahme verweigert

In Holz geschnitten das zweite Bild. Holzschnittartig die Szene. Eine junge Frau kniet barfüßig und bittend vor einem Bärtigen, der vorsichtig einladend die Arme zu ihr hinstreckt. Ein Beutel mit wenigen Habseligkeiten und ein Stock liegen neben der Frau am Boden. Vor der Fensternische bei der Spindel, den Faden in der einen Hand, hebt die Stiefmutter die andere abweisend hin zur knienden Stieftochter, deren Hände noch immer an Albrecht Dürers betende erinnern. Im Hintergrund an der Wand hängt überdimensional das Kreuz, das Relikt vergangener Zeiten, als die Mutter noch in großer Ernsthaftigkeit die Religion lebte. Jetzt wirkt es in seiner Größe eher bedrohlich, so, als müsste es umso mehr auffallen, je bedeutungsloser es geworden ist. Auch anklagend könnte es wirken, weil vom Sein doch nur noch Schein geblieben ist. Neben dem Kreuz drei Bücher im Regal, wohl eine Bibel und ein Gebetbuch, vielleicht noch ein Andachtsbüchlein dazu, die Grundausstattung religiöser Alltagspraxis, doch von Spinnweben überzogen. Die Öffnung in der Wand gibt den Blick frei auf Berg und Tal.

Es mag einer der längsten Wege gewesen sein, den Margareta gegangen ist, dieser Weg zurück nach Laviano nach dem Tod des Geliebten. Neun Jahre war sie nicht hier gewesen, nachdem sie 16-jährig das Elternhaus verlassen hatte. Unwillkürlich kommt die Geschichte vom verlorenen Sohn aus dem Lukasevangelium in den Sinn.[15] Ebenso wie Margareta ist er in bäuerlicher Gesellschaft aufgewachsen und wollte etwas anderes vom Leben. Hat sein Erbteil gefordert und sich dann ins bunte Treiben gestürzt, Alkohol, leichte Mädchen, falsche Freunde, die ihn dann alle verlassen, als eine Hungersnot kommt und sein Vorrat aufgezehrt ist. Die alte Story von gekaufter und enttäuschter Zuneigung, oft besungen, steht vor Augen; „*nobody knows you, when you're down and out ...*" Reumütig kehrt er zurück zum Vaterhaus in vollem Bewusstsein, dass er als Sohn nicht mehr taugt, aber vielleicht als Knecht auf dem Hof des Vaters sein Auskommen haben könnte. So wirft er sich vor dem alten Gutsbesitzer in den Staub, wie es Margareta in der Fantasie des Malers getan hat. Das Bild soll an die oft einseitig gedeutete Geschichte erinnern, ist hineingemalt in die klassisch konstruierte Heiligenlegende. Sünde und Reue sollen vor Augen stehen, wo es im Lukasevangelium doch um die Freude geht. Denn welch' Wunder: Der Vater breitet die Arme aus und empfängt den schuldbeladenen Sohn mit frischen Kleidern und Siegelring. Zur Begrüßung lässt er ein Fest veranstalten und das wertvollste Kalbfleisch auftischen. So wird der Sohn vom Bittsteller zum wertgeschätzten Gast und König – und jeder Hörer der Geschichte soll in diesem väterlichen Gutsherrn den Schöpfer und Erhalter der Welt erkennen.

Aber nicht jeder Vater gibt ein Gottesbild her. Der Weinbauer hätte ja gewollt. Er streckt die Hand zur Versöhnung und Aufnahme. Aber die Stiefmutter ist dagegen. Ihr abwehrender Arm ist stärker als die ausgestreckte Hand des Bärtigen, das weiche Vaterherz fügt sich dem steinernen Herz der bösen Stiefmutter. Die Geschichte schwankt ins Märchenhafte. Aber war sie böse? Vielleicht nur voller Scham: Das liederliche Ding kommt zurück, nachdem es ein paar Jahre in Saus und Braus gelebt hat. Und dann noch mit einem Bastard an der Hand. Merkwürdig, der sieht eigentlich ganz normal aus. Galt nicht die Rede, dass sündig gezeugte Kinder Makel der Missbildung aufweisen? Margareta, dieses Luder, ist auf die Nase gefallen und muss nun zusehen. Hochmut kommt schließlich vor dem Fall, wie wieder einmal zweifelsfrei bewiesen. Oder hatte sie Angst, die böse Stiefmutter? Immerhin war der gräfliche und unzüchtige Liebhaber der Stieftochter einem politischen Anschlag zum Opfer gefallen. Was, wenn die, die von der Intrige wussten, verfolgt würden? Was, wenn man die Vertraute des Ermordeten hier bei ihnen in Laviano suchen und finden würde? Hier kann sie nicht bleiben. Das Luder kommt nicht mehr ins Haus. Und die Leute reden schon genug.

Sie kniet auf dem Boden der Stube, in der sie im Jahr 1247 zur Welt gekommen ist und wenige Tage später in der Kirche auf den Namen

Margareta getauft wurde, was Perle bedeutet. Sie blieb das einzige Kind ihrer Eltern, ein Mädchen, kein Junge, wie es besser gewesen wäre. Wer konnte da ahnen, dass die glatte Perle den vom Schicksal versagten Knaben mit männlicher Kraft mindestens ausgleichen würde? In die Wiege gelegt wurde ihr die tiefe Frömmigkeit der Mutter und das Bodenständige des Vaters. Die ersten Jahre sollten ein Leben zwischen Kirche und Weinberg werden, zwischen Andacht und harter Arbeit, ora et labora.[16]

„Was trägst du das dunkle Kleid?", schreit der Vater. „Am Hang sind die Steine aufzulesen, die der Regen heut Nacht weggespült hat. Und außerdem ist der runtergeschwemmte Boden wieder raufzuholen, damit die Rinnen wieder gerichtet werden können. Hol die Schürze und komm!"

„Die Mutter sagt, ich soll zur Messe gehen", versucht es das Kind. Vergeblich.

„Beten kannst du, wenn der Weinberg wieder in Ordnung ist. Wenn die Rinnen wieder halten, zerschlägst du noch ein paar Steine", befiehlt der Weinbauer seiner Tochter. „Das macht den Boden besser und erleichtert die Pflege."

Laviano ist wahrscheinlich weniger ein Dorf, eher noch so etwas wie eine ländliche Streusiedlung. Auch heute stehen dort nur wenige, weit voneinander entfernte Häuser. Von Puozzola kommend liest man plötzlich das Hinweisschild „Laviano 1" und biegt überrascht auf einen staubigen Schotterweg, der zwischen dem Geburtshaus der Margareta und einer Kirche schattig endet. Hier soll die Jugendliche dem Luxus gefrönt und den Männern den Kopf verdreht haben? Fünf kleine Gehöfte zwischen Äckern und Weinbergen – der ganze Ort. Wie viel Sünde musste man ihr schon in jungen Jahren andichten?

Der Ort liegt malerisch. Olivenhaine und Weinberge, vom Elternhaus ein kurzer Weg zum Lago di Montepulciano und ein schöner Blick auf die gleichnamige Stadt. Etwas weiter in der Ferne kann man den Lago Trasimeno erkennen. Das Haus beherbergt heute Touristen. „Agriturismo S. Margherita" ist auf einem Schild zu lesen. Das große Eisentor ist verschlossen, aber man kann beim Blick hindurch auf dem Gelände ein Oratorium aus dem 17. Jahrhundert sehen. Ein Bethaus auf dem Grundstück des Bauern, der, wenn überhaupt einen Gott, dann den Bacchus angebetet hat.

Hier lebt die kleine Familie seit Generationen und hat sicher mit dem Überleben genug zu tun. Die Mühsal kennt man hier schon seit Langem. Aber auch den bäuerlichen Stolz, gibt es doch auch ein Stückchen Rebland in Familienbesitz. Sicher, die größte Fläche hat man über ein Jahrhundert in feudaler Abhängigkeit vom Grundherrn beackert. Aber im Lauf der Zeit haben Stadtbürger Boden erworben, sodass auch kleine Winzer etwas in Pacht nehmen konnten. Das fühlte sich doch gleich ganz anders an, zumal die bürgerlichen Besitzer oft mit dem Ertrag handelten und für guten Wein auskömmlich zahlten, wenn nicht die Gier die Oberhand hatte.

Der Vater produzierte guten Wein. Das war bekannt. Wenn er sich auch in schlechten Jahren als Tagelöhner in anderen Weinberger verdingen musste, so lag das länger zurück. Margareta erinnert sich noch dunkel aus Kleinkindtagen daran. Wie mürrisch war er oft, wenn er abgeschafft von einem Hang aus dem fünf Kilometer entfernten Valiano heimkam und dann noch nach den eigenen Reben sehen musste. Das war bald vorbei. „Gott sei Dank", hat die Mutter gesagt und den Blick zum Himmel gehoben. Ein Gebet, wie ihr ganzes kurzes Leben dem Kind wie ein einziges Gebet vorkam.

Gott schenkte dauerhaft günstiges Klima mit dem Ergebnis vortrefflicher Trauben, die begehrt waren. Die gute Lage des Weinbergs nah am See mit guter Strömung der Luft, die den Stamm bewegt und kräftigt, die Höhe, die eine optimale Nutzung der Sonnenstrahlung erlaubt, die Beschaffenheit des Bodens an den Hängen Lavianos und nicht zuletzt natürlich der prosperierende Handel der Städter brachten ansehnlichen Aufschwung. Doch all das wäre nichts ohne harte Arbeit. Das hat Margareta von Kind auf gelernt. Jede Hand wurde gebraucht. Die Mutter lehrte sie, kaum dass sie alleine laufen konnte, den Umgang mit der Wolle der Schafe, die man im Stall hatte. Bald wurden ihr Spinnrad und Nähzeug vertraut. Und auch der Vater rief sie zur Arbeit; das täglich Brot will verdient sein.

„Heute wollen wir mit dem Bau der Trockenmauer beginnen. Hast du gehört, Rita?“

„Ja, Vater.“

„Diese Mauer ist wichtig. Sie stützt die steileren Teile im Hang, die wir dann viel besser nutzen können. Dazu müssen die Steine herbeigebracht werden, die wir vor ein paar Tagen geholt haben. Das ist deine Aufgabe, Rita.“

„Ja, Vater.“

Und so brachten sie einige Tage mit dem Bau der Mauer zu. Am Abend betrachtet das Kind die Schwielen und Risse an den Händen. Die Mutter bestreicht sie mit einer Salbe aus Kräutern.

„Das Leid gehört zur Natur des Menschen“, klärt sie ihre Tochter auf. „Weil er ein Sünder ist und von der verbotenen Frucht vom Baum im Paradiesgarten gegessen hat.“

„Ich weiß, Mutter. Du hast es oft erzählt.“

„Man kann es nicht oft genug erzählen. Die Frau wurde von der teuflischen Schlange verführt und hat den verbotenen Apfel genommen. Und dann hat sie auch noch dem armen Mann, der von nichts wusste, davon gegeben. Deshalb trägt sie den größten Teil der Schuld und muss Buße tun ihr Leben lang und sich unterordnen unter den Mann, erst unter den Vater und den Bruder und ...“

„Ich habe keinen Bruder“, wirft das Kind ein.

„Du hast keinen Bruder, leider, aber andere Mädchen haben einen Bruder. So wie Laura vom Nachbarhof den Jocopo, der uns manchmal hilft.“

„Ich weiß, Mama.“

„Und so ordnet sich das Mädchen erst dem Vater und dem Bruder unter und dann dem Ehemann, später, weil sie den größten Teil der Schuld trägt und ein schwaches Wesen ist und beherrscht werden muss.“

„Aber Madre ...“

„Was willst du nun schon wieder mit einem Aber!“

„Madre, wenn ich es richtig verstanden habe, was du immer aus der Bibel vorgelesen hast, war die Frau ja noch gar nicht da, als Gott von den Bäumen im Garten gesprochen hat. Er hat dem Mann gesagt, von welchem Baum er essen darf und welcher Baum verboten ist. Und dann erst hat er aus der Rippe das Weib gebaut, als der Mann geschlafen hat. So hat der Mann doch als erster vom Verbot gewusst. Warum hat er die Frau nicht geschützt und von der Sünde ferngehalten? Der Mann trägt den größten Teil der Sünde und ..."

„Himmel, was ist das für sündhaftes Gerede? Willst du dich mit deinen Spitzfindigkeiten über Gottes Wort stellen? Nimm deinen Rosenkranz und bete und leg dich dann nieder und hoffe, dass Gott dir einen ruhigen Schlaf schenkt!"

Der Mund wird dem Kind nicht nur zur Strafe verboten, sondern auch zum Schutz. Denn die Mutter hatte gesehen, wie der Vater, der am Tisch in der Stube saß, die Hand ein wenig gehoben hatte. Er mochte Widerspruch nicht gern unter dem eigenen Dach. Und er mochte schon gar nicht, wenn dem Mann eine Sünde angedichtet wurde, und dann noch von einem Kind, einem Mädchen gar.

„Und vergiss nicht, Rita", schob die Mutter noch nach, als das Kind bereits auf dem Weg zum Rosenkranz war, „vergiss nicht, dass die Strafe den trifft, der von Gottes Wort abweicht." Das sollte die mütterliche Strenge unterstreichen, reizte aber das Kind, noch einmal zum Stuhl der Mutter zurückzukehren.

„Wie heißt die Strafe für Frau und Mann?"

„Das hast du vergessen? Die Frau soll unter Mühen schwanger werden und unter Schmerzen gebären und sie soll Verlangen haben nach ihrem Mann, aber er soll herrschen über sie."

„Wie wird die Frau schwanger?"

„Ich habe dir oft gesagt, dass darüber erst später gesprochen wird, Rita. Noch bist du zu klein und unverständig. Wichtig ist, dass du dir hinter die Ohren schreibst, Beherrschung und Keuschheit zu üben. Beherrschung alle Zeit und Keuschheit, bis ein Mann dich zur Frau erwählt hat. Und nun geh schlafen."

„Was ist die Strafe für den Mann, Mutter?"

„Mein Gott, auch das weißt du doch. Der Mann soll unter Mühsal arbeiten und im Schweiß des Angesichts sich nähren."

„Ich bin kein Mann, Madre. Warum muss ich unter großer Mühe im Weinberg und im Stall bei den Schafen arbeiten?"

Jetzt war der Padre vom Tisch aufgestanden. Das letzte Warnsignal und der allerletzte Ruf zur Nachtruhe.

Der harte Alltag des Kindes fand seine einzige Abwechslung in den religiösen Ritualen. Täglich ging man hinüber zur kleinen Kirche, wo es kühl und still war. Viel von dem, wovon die Mutter sprach, leuchtete Rita nicht ein, aber sie liebte ihre Mutter, weil sie neben manchem Starrsinn doch eine große Güte zeigte. Sie schützte das Kind vor der Hand des Vaters, die dann sie traf an Kindes statt. Und sie sorgte sich um die Menschen in der Siedlung. Wo jemand krank war, half sie aus, brachte eine Suppe und etwas Brot, kümmerte sich um das ein oder andere Kind, wusch ein paar Kleider.

Die Mutter lehrte sie in glühender Verehrung der Jungfrau Maria das Ave-Maria, das seit 1215 fester Bestandteil des Bußsakraments war, und den Umgang mit dem Rosenkranz, dessen Bezeichnung vom Rosengarten stammt, dem Symbol der Jungfräulichkeit Mariens. 59 Perlen und das Kreuz – Glaubensbekenntnis, Vaterunser, drei Ave-Maria, Ehre sei dem Vater, fünf Gesätze mit je einem Vaterunser, zehn Ave-Maria und einem Ehre sei dem Vater.

Rita hatte das bald gelernt, aber oft nahm sie die Kette auch zur Hand und ließ die Perlen durch die Finger gleiten und dachte über manche Lehre der Mutter nach. Dass Gott dem Menschen Heilige schenkt, die den Zugang zu ihm vermitteln. Warum kann man nicht direkt mit Gott Kontakt aufnehmen? Und dass man sich das Wohlwollen der Heiligen erwerben muss. Wodurch? Durch Glaubenstreue und harte Arbeit natürlich: ora et labora. Dass das Leben ein Kampf gegen den Teufel sei? Kleine Schlangen kannte sie aus den Wiesen beim Weinberg. Die konnte man mit einem Ast aufnehmen und den Hang hinunterschleudern oder ihnen auch einen Stein auf den Kopf werfen und sie in der Sonne vertrocknen lassen. Sollte da der Teufel drinstecken? Und sollte dieses Wesen so mächtig sein?

„Vom Kampf zwischen Tugend und Laster hängt das Heil der Seele ab", sagte die Mutter. Mein Gott, dem Kind schwirrte der Kopf. Was sollte das nun wieder sein, ein Laster? Es musste etwas mit den Trieben zu tun haben, weil in einem Atemzug die Mutter aufgeregt davon sprach, dass die Triebe zu zügeln seien, damit das Böse abgewehrt werde. Aber Triebe kannte Rita nur von den Reben im Weinberg. Kompliziert und doch wieder so einfach, dachte das Kind. Geh zur Beichte, regelmäßig, und bekenne deine Sünde und empfange die Vergebung durch den Mund des Priesters. Und so ging sie zur Beichte in die kühle, stille Kirche nebenan, bekannte ihre kleinen Lügen gegenüber Mutter und Vater, ihre unkeuschen Gedanken (das hatte sie mal aufgeschnappt) und ihren missbräuchlichen Umgang mit dem Rosenkranz. Und sie empfing die Vergebung nach Auflage einiger zu sprechender Ave Marias.

Dass sie trotzdem so schmerzvoll gestraft wurde, konnte sie nicht verstehen. Denn als Strafe musste sie den plötzlichen Tod der Mutter verstehen. Da war sie gerade sieben Jahre alt. Was hatte sie angestellt, dass der Zorn Gottes sie so treffen musste? Der Tod der geliebten Mutter stand doch in keinem Verhältnis zu einem vorgetäuschten Magenschmerz, um dem Rebenschnitt in glühender Sonne zu entgehen, oder zu einem unerlaubt genommenen Stück Brot aus der Kammer. Sollte Gott einen Fehler gemacht haben, ein Versehen, eine Verwechslung? Der Guido aus dem zerfallenen Haus unten an der Straße war ein Taugenichts, mit seinen zehn Jahren ein richtiger Halunke, steckte auf dem Markt Gemüse ein, ohne zu bezahlen und piesackte die Tiere mit seiner Steinschleuder. Vielleicht sollte es dessen Mutter treffen.

Deine Mutter hat ein großes und liebes Herz gehabt, kleine Perle, aber auch ein schwaches Herz. Das war die Erklärung des Vaters. Die göttliche Vorsehung habe es so bestimmt, dass die Mutter vorausgegangen ist und nun einen Platz im Himmel für ihre Lieben vorbereitet. Das war die Erklärung des Kaplans. Aber Rita hätte die Mutter doch in Laviano viel dringender gebraucht als im Himmel. War Gott am Ende ungerecht? Diesen Gedanken verdrängte Rita sofort wieder und kramte ihn erst zur Nennung bei der nächsten Beichte wieder hervor.

Nun wurde der Alltag noch rauer. Für Traurigkeit war wenig Platz, denn es fehlten das Herz der Mutter und vor allem ihre beiden

Hände. Der ohnehin cholerische Vater rastete jetzt noch öfter aus. Der Druck aus dem Weinhandel wurde größer. Schließlich gab es Verträge, die der Vater bedienen musste. In der ersten Zeit waren die Händler noch nachsichtig, aber nach und nach verloren sie die Geduld. Immer häufiger brauchte es fremde Hilfe, die aber nicht zu bezahlen war.

Die Lage wurde schwierig, denn in den Pachtbetrieben herrschte ein strenges Kontrollsystem mit abgestuften Sanktionsmaßnahmen. Wenn Lieferungen zu lange ausblieben, konnten Geldbußen verhängt oder das Pachtgut entzogen werden. So konnte es nicht weitergehen. Eine Frau musste ins Haus. Das verstand Rita. Aber musste es ausgerechnet diese Frau sein? Gewiss, die Auswahl war begrenzt. Es gab nicht so viele alleinstehende Frauen in der Siedlung. Aber die schlechteste Partie war der Vater nun auch wieder nicht. Wie auch immer, er brachte die Witwe von Pietro mit nach Hause. Der war vor ein paar Monaten volltrunken in den See gegangen und nach einigen Tagen wieder aufgetaucht. Wenn das nicht alles sagt. Böse Zungen behaupteten sogar, er habe wegen seiner Frau so viel gesoffen. Und wegen ihr sei er auch in den Lago di Montepulciano gegangen.

Rita konnte es sich vorstellen. Bald war das Leben im Haus zur Hölle geworden, denn die Stiefmutter hatte das Zepter in die Hand genommen. Fast konnte man nun beim Vater eine gewisse Zartheit und Freundlichkeit spüren. Wenn er gut gelaunt war, redete er sogar bei der gemeinsamen Arbeit im Weinberg, erklärte viel über den Weinbau und die Pflanzen und freute sich über das Interesse der Tochter und über ihr geduldiges Zuhören, wenn er von seinen Errungenschaften in diesem Wingert erzählte.

Manchmal redeten sie auch von der Mutter. Dabei bemerkte Rita ein ums andere Mal, dass der Vater sich eine Träne aus dem Auge wischte. Er wandte sich dann schnell ab, um ein Tuch aus der Hosentasche zu ziehen. „Es ist der scharfe Wind, meine Perle.“ Und dann lachten sie miteinander und erinnerten sich an den Tag, als der Vater voller Stolz einen kleinen Pflug aus Eisen mitbrachte. Die gab es schon eine ganze Weile, aber die Familie konnte sich die Anschaffung nicht leisten. Bis es dann so weit war und der neue Pflug vor den Esel gespannt und die Arbeit damit ziemlich erleichtert wurde. Wie glücklich war die Mutter über die Erleichterung für den Vater. Und wie sehr hat sie Gott gedankt. Wie viele Gebete hat sie nach oben gesandt. Lieber hätte der Vater einen Teil davon als Anerkennung für seine Plackerei in den vorherigen Jahren gehört aus dem Mund seiner Frau. Und wieder wehte ein scharfer Wind kurz über den Hang.

Wann immer ein wenig Zeit blieb, stahl sich Rita davon, um sich mit Cara zu treffen. Sie war inzwischen elf und freute sich über die Gleichaltrige, die erst vor Kurzem nach Laviano gekommen war und schnell zur besten Freundin wurde. Mit Cara spazierte sie zum See hinunter, saß faul in der Wiese oder spielte Steinewerfen gegen eine Mauer. Wessen Stein am nächsten zur Mauer liegt, hat den Stein der anderen gewonnen. Sie haben aber auch viel miteinander geredet; vor allem, als sie noch ein wenig älter geworden waren. In der Religion wusste Cara nicht so gut Bescheid. Da konnte Rita ihr einiges beibringen. Im Gegenzug profitierte Rita von den Kenntnissen Caras über die Triebe, die man zügeln musste. Mit den Reben im Weinberg hatten diese Triebe nichts zu tun. Cara wusste auch zu berichten, dass an anderen Orten manche Mädchen schon mit zwölf Jahren aus dem Elternhaus in das Haus eines Mannes gezogen sind. Gott, da waren sie wohl beide längst überfällig. Wahrscheinlich, weil sie dringend zu Hause gebraucht wurden und für die Arbeit unentbehrlich waren. Wahrscheinlich aber auch, weil um sie herum nur Jünglinge zu sehen waren und keine Männer.

Keine Männer? Es war Rita nicht verborgen geblieben, dass seit einiger Zeit auffällig oft – man könnte gar sagen: regelmäßig – Jacopo vom Nachbarhof zur Hilfe im Weinberg kam. Er war ein paar Jahre älter als Rita und ein netter Kerl. Aufgeweckt auch und sehr interessiert am Weinbau. Manchmal war er ein paar Tage an anderen Orten und brachte dann neue Ideen mit. Das war einerseits wichtig, denn die Zunahme der Bevölkerung in den Städten und der zunehmende Reichtum und Luxus steigerten auch die Weinnachfrage. Jacopo sprach von modernen Methoden und der Vater wog bedächtig den Kopf hin und her, ließ sich aber meistens überzeugen. Schließlich ging es um die Steigerung der Erträge.

Bei einem seiner Ausflüge in andere Gegenden hatte Jacopo die Spindelkelter kennengelernt und war völlig begeistert. Und schon bald wurde das neumodische Gerät auf dem Hof eingeführt, bei dem durch einen waagrechten Balken, der über eine Holzspindel nach unten gedrückt wird, Druck auf das geerntete Gut entsteht. Von nun an gehörte dank Jacopo der Tretzuber der Vergangenheit an. Nicht zu überzeugen war der Vater dagegen von geschmacklich verändertem Wein durch die Beimengung von Gewürzen. Dieser Wein war zwar in der Bevölkerung immer beliebter geworden, schien dem Vater aber irgendwie gefälscht. Ihm widmete sich Jacopo deshalb auf einem eigenen kleinen Stück vom Weinberg, das der Vater ihm überlassen hatte.

Doch warum hat der Vater dem Nachbarsjüngling dieses Stück vom Weinberg geschenkt? Darüber musste Rita öfter nachdenken. Natürlich hatte sie bemerkt, dass sich Jacopo gern in ihrer Nähe aufhielt. Wenn der Vater sie geheißen hatte, nach der Traubenblüte die Laubarbeiten am Stock zu versehen, wobei die seitlichen Ranken ausgebrochen werden müssen, damit der Stock seine Kraft nicht an überflüssiges Laub verliert, ging der junge Mann gern zur Hand. Wenn Holzpfähle für den Pfahlbau aus dem Wald herbeigeschafft werden mussten, war Jacopo ebenso zu Stelle, wie wenn im Herbst die Pfähle zur Winterlagerung aus dem Boden gezogen werden mussten, um sie vor Fäulnis zu schützen. Jacopo unterstützte die Perle bei der Reinigung von Fässern und Geräten und ließ nicht lange auf sich warten, wenn Gräben zur Düngung des Wingerts ausgehoben werden mussten oder die Stöcke gegen Schädlingsbefall mit Rindermist oder Eselsfett einzureiben waren. Das half zwar wenig, was Jacopo wusste, aber Ritas Nähe glich die unvernünftige Hingabe an nichtsnutzige Maßnahmen aus.

Manchmal konnten sie sich sogar in Ruhe unterhalten, wobei Jacopo sehr viel redete, um Rita zu beindrucken. Die hörte geduldig zu und dachte manchmal auch an etwas anderes. Die Triebe zu zügeln, fiel ihr in Gegenwart Jacopos nicht schwer. Und so war sie stolz auf sich, dass sie der Mahnung der Mutter vollumfänglich nachkam. Auch wenn der Junge vom Nachbarhof, der längst mehr Zeit bei ihnen als zu Hause verbrachte, sie hin und wieder berührte, versehentlich bei der Arbeit am Weinstock oder beim Reichen eines Gerätes, löste das bei Rita nicht aus, wovon Cara gern sprach und was sie auch erlebte, wenn sie sich selbst berührte. Jacopo war nett, aber nicht interessant und schon gar nicht aufregend.

Interessant und aufregend war ein anderer, der seit einiger Zeit regelmäßig auf einem Pferd daherkam. Mindestens einmal in der Woche ritt er die einzige Straße der Siedlung einmal hinauf und einmal hinunter, bevor er über die Wiese hinüber in den Wald verschwand. Wie ein Edelmann sah er aus. Erst hielt Rita ihn für etwas aufgeblasen, wie er da so auffällig einherritt auf seinem erlesenen Ross. Allmählich aber bemerkte Rita, dass der Fremde immer dann auftauchte, wenn sie auch unterwegs war, und zwar immer zu einer Zeit, da sie ihren gewohnten Gang zum Markt unternahm. War ihr Gang für einen Außenstehenden berechenbar?

„Natürlich ist das berechenbar", sagt Cara und schlägt sich mit der flachen Hand an die Stirn.

Aber was soll das bedeuten? Wo kommt der her und was will er hier in Laviano, rätselt Rita vor sich hin.

„Wo er herkommt, weiß ich nicht", wirft Cara ihr an den Kopf. „Aber was er hier will, ist ja wohl klar! Und wo er herkommt, das finde ich heraus."

Das wöchentliche Procedere war inzwischen zum Ritual geworden. Rita beim Gang zum Markt, der Edelmann auf seinem Pferd, einmal die Straße hinauf und einmal die Straße hinunter und dann: ab über die Wiese in den Wald. Nun kam er Rita gar nicht mehr aufgeblasen vor. Hat er ihr nicht letzte Woche zugenickt? Eine Veränderung des Rituals. Und heute, da ist sie sich ganz sicher, hat er kurz sein Pferd angehalten und mit einer Verbeugung gegrüßt. Das muss sie Cara berichten.

Cara hat ihre Kontakte und kann mit Informationen dienen. Tatsächlich handelt es sich um einen Grafen aus Montepulciano, der sich einmal in der Woche auf einer Burg in Valiano aufhält, die der Familie gehört. Von dort kommt er also angeritten.

In Montepulciano arbeitet er mit seinem Onkel zusammen, einem Kaufmann, der vornehmlich mit feinem Tuch handelt und über vorzügliche Beziehungen am Markt verfügt. Politisch ist er auch aktiv und wird in Siena sehr geschätzt, was wiederum in Florenz nicht so gut ankommt. Aber er ist einflussreich und wohlhabend und da drückt man am Herkunftsort des Goldflorin auch mal ein Auge zu.

„Was du alles herausfinden kannst", sagt Rita sichtlich beeindruckt.

„Das ist noch nicht alles, liebe Freundin. Noch ein Name gefällig?"

„Du weißt, wie er heißt?"

„Dein Edelmann stammt aus der Familie der del Pecora. Und mit Vornamen haben sie ihren Sprössling Raniero genannt. Margareta del Pecora ... klingt gar nicht schlecht."

Cara lacht laut auf. Und Rita hat nicht nur eine Gestalt für ihre Träume, sondern auch einen Namen.

Raniero hat in den Stallungen der Burganlage sein Pferd satteln lassen und ist nun wieder auf dem Weg nach Laviano. Das Wetter ist schlecht. Hoffentlich bleibt die Schöne nicht wegen des Regens zu Hause. Aber sie sieht nicht wetterfühlig aus, eher wie eine Frau vom Land, die es sich nicht leisten kann wegen schlechten Wetters der Arbeit im Weinberg fernzubleiben. Das Gespräch mit einem Freund geht ihm durch den Kopf. Schon oft hat er ihm in den letzten Monaten von der jungen Frau aus Laviano erzählt. Zuerst hat er sich nur abfällig geäußert, wie es Raniero nicht ausstehen kann. Er solle sie sich ruhig nehmen zum Vergnügen. Dafür seien diese Mädchen vom Land gut zu gebrauchen. Die seien da auch nicht zimperlich. Es brauche nicht viel, um sie ins Heu zu bekommen. Als er aber den Ärger bei Raniero spürte, wurde sein Gesicht finster. Mach da bloß nichts Ernstes draus, mein Freund, hat er gesagt. Du weißt, wohin das führt. Und du weißt, dass es keine Zukunft für eine solche Verbindung gibt.

Nun ist er schon auf der staubigen Straße und hält Ausschau. Heute hat er sich fest vorgenommen, anzuhalten, vielleicht sogar vom Pferd abzusitzen und ein paar Worte zu wechseln. Da sieht er sie mit ihrem gefüllten Korb. Glück gehabt; sie ist bereits auf dem Heimweg. Er weiß natürlich längst, von welchem Hof sie kommt. Es ist das kleine Gemäuer mit dem Ställchen neben der Kirche. Und er weiß, dass es Beziehungen gibt zwischen den Familien. Keine Standesbeziehungen natürlich, aber geschäftliche Kontakte. Der Vater des Mädchens gehört zu den Lieferanten seines Onkels Guglielmo. Das muss er der Schönen aber nicht erzählen. Was würde das für einen Eindruck machen. Aber womit soll er sie ansprechen? Da ist er schon in ihrer Nähe und bringt sein Pferd zum Stehen.

Rita dreht sich um. Er ist tatsächlich stehen geblieben.

„Sie gehen auch bei Regen zum Markt?“

Mein Gott, was für ein Satz. Raniero kommt sich ziemlich unbeholfen vor.

„Ich kann es mir nicht aussuchen. Wir wollen auch etwas auf dem Tisch haben, edler Ritter.“

Macht sie sich über ihn lustig?

„Entschuldigung“, sagt er. „Natürlich ... Ich weiß ja ...“ Er beginnt zu stottern.

Rita ist es unangenehm, so forsch aufgetreten zu sein und entschuldigt sich ihrerseits. Kein besonders geglückter Beginn für eine traumhafte Geschichte, denkt sie.

„Wollen wir noch einmal von vorn beginnen?“, fragt er. „Wir haben uns ja in den letzten Wochen oft gesehen und ich wollte Sie fragen, ob Sie mir Ihren Namen verraten?“

Jetzt erst fällt Rita auf, dass dieser Mann sie so vornehm mit Sie anspricht. Noch nie in ihrem Leben hat das jemand getan. Sie überlegt kurz.

„Mein Name ist Margareta, mein Herr Del Pecora.“ Oh Gott, sie hat seinen Namen genannt. Was soll er jetzt denken!

„Sie wissen, wer ich bin? Margareta – eine Perle hier in dieser Siedlung?“

Rita weiß nicht, worauf sie reagieren soll und sagt nichts.

Raniero hält ihr den ausgestreckten Arm entgegen. „Lassen Sie mich Ihren Korb tragen; dann haben Sie es etwas leichter."

Sie reicht ihm den Korb, um nicht wieder in irgendeinen Fettnapf zu treten. Sie gehen nebeneinander, und während Raniero überlegt, was er als Nächstes sagen könnte, geht Rita durch den Kopf, was wohl ihr Vater sagen wird, wenn er sie mit einem Grafen vom Markt kommen sieht, der ihr den Korb trägt. Anstrengende Gedanken, weshalb beide schweigen, bis sie das Ziel erreicht haben.

„Darf ich Sie in der nächsten Woche wiedersehen, Margareta?"

„Ich gehe jede Woche zum Markt, mein Herr. Sie wissen ja ..."

„Ja, Sie wollen auch etwas auf dem Tisch haben. Adieu, Perle."

Natürlich hatte der Vater die beiden gesehen. Der Anblick beunruhigte ihn, weil er seine Pläne in Gefahr sah. Natürlich war ihm klar, dass es keine Beziehung zwischen der Tochter eines Weinbauern und dem Grafen aus Montepulciano geben konnte. Aber wenn sie sich an ihn auch nur für eine Nacht verschwenden würde, wäre es mit Jacopo aus und vorbei.

Er musste etwas tun. Er musste sie von seinen Absichten in Kenntnis setzen und ihr klarmachen, dass er mit Jacopo und seiner Familie bereits alles geregelt hatte.

Noch am selben Abend rief er seine Tochter in die Stube und eröffnete ihr die Hochzeitspläne. Zu seiner Überraschung war Rita nicht unvorbereitet. Oft genug hatte sie sich mit Cara ausgemalt, was wohl passieren würde, wenn der Vater den Jacopo anpreisen würde.

„Ich beabsichtige nicht, zu heiraten, Vater, und schon gar nicht Jacopo."

„Du widersetzt dich! Einen besseren Mann als Jacopo kannst du nicht finden. Wie ein Bruder ist er zu dir in all diesen Jahren!"

„Genau. Wie ein Bruder, aber nicht wie ein Mann. Einen Bruder hatte ich nie und brauche auch keinen. Es tut mir leid, wenn ich Jacopo kränken muss, aber ich heirate ihn nicht."

„Du wirst ihn nicht kränken, giftet der Vater. Du wirst ihn heiraten. Keine Widerrede!"

„Aussichtslos, Vater. Du bist dabei, deine Tochter zu verlieren."

„Meine Tochter verlieren!“ Jetzt tobt der Padre. „Was bildest du dir ein! Du willst mich nicht nur dem Spott der Leute aussetzen, sondern auch das Erbe deiner Mutter verraten. Hat sie dich nicht gelehrt, dich dem Mann unterzuordnen?“

„Lass Mutter aus dem Spiel! Sie kann nichts mehr dazu sagen.“

„Du bist mir unterstellt, Margareta! Ich kann die Hochzeit anordnen und du hast mir absolut zu gehorchen. Da sieht man, wie wichtig es ist, dass der Mann die Frau im Auge hat. Sie ist doch von Natur aus lasterhaft und verfällt leicht in Unzucht.“

„Lasterhaft? Unzucht? Wovon redest du, Vater? Schau her, deine Tochter steht vor dir!“

„Meine Tochter wirst du nicht länger heißen, wenn du mir nicht folgst. Willst du etwa diesem Grafen hinterherkriechen, der dir scheinheilig den Korb getragen hat? Ich weiß nicht, was dir deine Mutter erklärt hat. Ach was, du warst ja viel zu jung. Aber ich kann dich nur warnen! Auf deine Jungfräulichkeit hat er es abgesehen, dieser Edelmann. Und wenn du die verloren hast und von ihm weggeworfen bist, taugst du nur noch für das Gesindel, dem die Hurerei gelegen kommt.“

„Vater, ich kann dir nicht mehr zuhören. Es zerbricht mir das Herz, wie du zu mir sprichst.“

„Rita, komm doch zur Besinnung! Wir brauchen dich doch hier im Weinberg. Jetzt, da es uns etwas besser geht und wir das Geschäft mit der Hilfe von Jacopo noch ausbauen können, kannst du dich doch nicht davonschleichen.“

„Ich habe nicht vor, mich davonzuschleichen, Vater. Aber ich habe mich in Raniero verliebt und du bist dabei, mich aus dem Haus zu treiben.“

„Raniero! Du kennst seinen Namen. Raniero del Pecora! Hat unsere Familie über viele Generationen die Leibeigenschaft abgeschüttelt und sich von der Knute der Grundherren befreit, damit meine Tochter sich nun zur Mätresse des Grafen macht! Verflucht sind wir! Und verflucht bist du!“

Die Stiefmutter saß an der Spindel und sagte während der ganzen Zeit kein Wort. Aber ein Lächeln umspielte ihre Lippen.

Noch in derselben Nacht packte Rita ein paar Kleider und den Rosenkranz zusammen und verließ das Haus. Bei Cara fand sie Unterschlupf, aber hier konnte sie nicht bleiben. Es wäre der erste Ort gewesen, an dem der Vater sie suchen würde. Aber er hat sie nicht gesucht. Der Tag verstrich. Niemand fragte nach Rita. Eine weitere Nacht, ein weiterer Tag. Cara hatte ihre Kontakte und ließ dem Grafen eine Nachricht zukommen. Am Tag darauf war Rita spurlos verschwunden.

Drittes Bild – Unter Räuber gefallen

Weit aufgerissene Augen, entsetzter Blick, die eine Hand zur Abwehr gegen das Schicksal gehoben, in der anderen ein Stück Astwerk. Mächtige Bäume ragen im Hintergrund in die Höhe. Der Leichenfund ereignet sich im tiefen Wald. Der Hund legt die linke Vorderpfote auf den Schenkel des Toten. Er hat Rita zu seinem Herrn geführt, der längst zurück erwartet wurde von einer Reise.

Warst du im Stadtpalast oder voller Ungeduld und Sorge in der Burganlage, Rita? Traf dich dieser Tod unvorbereitet oder ahntest du seit längerem Gefahr? Habt ihr darüber gesprochen, der Graf und du? An welche seiner Worte beim Abschied erinnerst du dich?

Das Bild gibt keine Antwort auf diese Fragen. Es zeigt das Entsetzen der Frau, den Hund und einen leblosen Körper. Wir wissen sofort, dass es niemand anderes als Raniero sein kann. War es ein Unfall? Da ist verkrustetes Blut am Hinterkopf, wo eine große Wunde im Schädel klafft. Oder ein Überfall? Ist er denn alleine unterwegs gewesen? Das wäre ungewöhnlich für einen Handelsreisenden. Sollte sich die Truppe zum Schutz der kostbaren Waren und der Geldbeutel in der Kutsche einfach aus dem Staub gemacht haben, als die Gefahr im Anzug war? Kaum. Und überhaupt: Wo sind die Wagen und Kutschen geblieben? Machen gemeine Räuber sich die Mühe, sämtliche Spuren sorgfältig zu löschen und das Opfer unter Reisig zu verbergen? Unter welche Räuber soll er da gefallen sein? Die ganze Sache ergibt keinen Sinn. Schließlich – der Todeszeitpunkt? Wer soll das so genau wissen? Wahrscheinlich liegt er schon einige Zeit unter dem Gestrüpp.

Das Bild ist der Heiligengeschichte nachgemalt und kaum unabhängig von ihr zu betrachten. Wie in der Legende gibt es hier keinen Raum und kein Interesse für die genauen Hintergründe, schon gar nicht für die Gefühle der betroffenen Personen. Es geht allein darum, die Bekehrung der Margareta zu erzählen. Im Lebensbericht eines

Autors, der seinen Namen nicht nennt, von sich nur als Verfasser spricht und sich an Aufzeichnungen des Beichtvaters Giunta Bevegnati orientiert, klingt das so: Zu Hause in Laviano wurde das Mädchen ihres bäuerlichen Daseins zunehmend überdrüssig. Sie strebte danach, der Armseligkeit zu entkommen und träumte von Ehre und Ruhm. Da kam der Edelmann aus Montepulciano gerade recht.

Dieser Biograf mit dem Beichtvater Giunta im Rücken klärt uns weiter auf: „Alles dieß hätte noch keine Gefahr für sie gehabt, wäre der Mann sittlich und religiös gewesen. Er war es aber nicht. Er achtete und schätzte in Margareth nur die natürlichen Vorzüge. Sie selbst aber war zu unerfahren, um die Zutraulichkeit dieses Mannes einer berechneten irdischen Fleischesklugheit zuzuschreiben. Allmählich zog er sie durch Schmeicheleien und kostbare Kleidungen, mit denen er sie schmückte, mehr in sein Netz. Bezaubert durch den Flitterglanz, der sie umgab, achtete sie allmählig weniger auf die innere Stimme des Gewissens, sie betete weniger, unterließ die gewohnten frommen Uebungen und verfiel täglich mehr in Lauigkeit bis sie endlich einwilligte in das sündhafte Begehren des Mannes. So ward sie in kurzem der Sünde verkauft.“ Jedoch –und nun bahnt sich die entscheidende Wende an: „So arg auch das Schäflein sich verirrt hatte, der gute Hirt ward nicht müde, ihm nachzulaufen und es liebend zu sich zu rufen. Der Keim der Gnade, der in ihr lag, ließ sich nicht entwurzeln. Und so tönte doch in ihrem Innern eine ernste Stimme, die Das, was das Fleisch liebte, verwarf und verdammte.“

Nun reichte aber der gute Kern im Innern allein nicht hin, um die junge Frau auf die rechte Straße zurückzuführen. Sie bemühte sich zwar und zeigte auch nicht wenig frommen Eifer, aber es brauchte zusätzlich ein kräftiges Ereignis, eine blutige Begebenheit. Der Tod musste die Nichtigkeit des sündhaften Wandels vor Augen führen. Der Franziskaner Giunta Bevegnati als verständnisvoller Seelenführer spart weder Tinte noch Geisteskraft, sodass uns „der Verfasser“ auch den Ausgang der Episode zu deuten weiß: „Das von Leid und Schmerz oftmals aufglühende Herz bedurfte, nachdem bereits neun Jahre des Sündenlebens verflossen waren, nur eines kräftigen, eines wirksamen Anhauchs der Gnade, um in helle Flammen aufzulodern.

Stunde und Zeit war endlich dazu gekommen, wozu das Gebet andächtiger Seelen gewiß nicht das Wenigste mochte beigetragen haben. Als ihr Herr einst über Land gegangen, blieb er einige Tage aus. Da erschien plötzlich das Hündchen, das er mitgenommen, vor Margareth und geberdete sich sehr fremdartig, wie es noch niemals gethan. Sie folgte ihm. Endlich blieb er vor einem Haufen Hölzer, die unordentlich übereinandergeworfen waren, stehen, blickte auf sie hin und tappte auf den Haufen, als wollte er sagen, hier gebe es etwas zu finden. Margareth verstand den Wink und räumte ein Holz nach dem anderen weg. Doch welch ein Schrecken durchzuckte sie, als sie nach wenigen Augenblicken ihren Herrn todt und schon von Würmern benagt und zerfressen vor sich liegen sah! Es war aber dieser Schrecken der wirksame Anhauch der Gnade, der in ihr noch fehlte, um in ihrer Seele den Entschluß der Buße zur Reife zu bringen. Wie Paulus vom Strahl der Gnade getroffen, so wandelte sich auch Margareth in einen ganz neuen Menschen um." Das Fundament ist gelegt, die Fassade steht, fast kann das Leben in Heiligkeit seinen Lauf nehmen. Der hinterhältige Mord als Schlusspunkt politischer Intrige ist unter der Hand zum Werkzeug göttlicher Gnade geworden.

Das Bild hat mich verführt, mich zu verlaufen in der Geschichte. Neun Jahre im Palast und auf der Burg dürfen nicht übersprungen werden. Die Absurdität der frommen Darstellung hat mich gereizt. Die Quellen der Kirchengeschichte sind einem pädagogischen Interesse gefolgt. Meine Lesart der Geschichte ist eine andere, weil ich zwischen den Zeilen lesen und verstehen will. Dabei ist nicht allein die Beschäftigung mit Lebensumständen aus weit zurückliegender Zeit spannend. Ich bin ja vielmehr gespannt, ob die Beschäftigung zu einer Erfahrung führt, die es erlaubt, Ereignisse und Bewegungen der Gegenwart besser zu verstehen. Noch einmal zurückgehen muss ich, noch einmal ansetzen beim Verschwinden bei Nacht und Nebel.

Rita läuft durch die einzelnen Gänge der Burg. Hierher haben sie zwei Frauen gebracht, die Raniero zu Cara geschickt hatte. Wie seltsam war es ihr vorgekommen, ihn wiederzusehen, hier und nicht auf der staubigen Straße von Laviano. Wenige Kilometer nur war sie jetzt entfernt von ihrem Zuhause und doch wie am anderen Ende der Welt. Gott sei Dank war die Burg nicht so groß, dass sie sich hätte verlaufen können. Die Frauen hatten ihr einen Raum gezeigt, in dem sie wohnen sollte. Und Raniero würde bald zurück sein. Er musste noch nach Montepulciano, um einige Dinge zu regeln.

Ich sehe dich durch die Gänge laufen, Rita, in dem Versuch, dich zu orientieren in diesem fremden Gebäude. Ich kann es mir vorstellen, obwohl ich die Gänge nicht kenne. Die Burg ist heute für die Öffentlichkeit nicht zugänglich. Teilweise ist sie privat bewohnt. Neben dem Turm, von dem auch du in die Weinberge schauen kannst, wohnt heute die Familie Contini. Dieser Turm wird zu deinem Lieblingsort werden. Oben ist ein Aussichtsplatz, von dem aus man einen wunderbaren Blick über das Land hat. Richte dich in Ruhe ein, Rita, in dieser Burg, in einem Palast in Montepulciano, in einem neuen Leben.

Ganz so einfach wird es nicht. Der Graf kann schließlich nicht so ohne weiteres eine Frau mitbringen. Wie soll er der Familie erklären, dass er sich in ein Mädchen aus Laviano verliebt hat, das nun wie eine Gräfin im Palast wohnen soll. Das ist unmöglich. Das Verhältnis kann schon bestehen, wenn es denn unbedingt sein muss und den Sprössling froh macht, aber es muss anders deklariert werden. Rita wird als Dienstmagd eingeführt, eine Angestellte, von denen es im Palast viele gibt. Sie wird auch als Magd arbeiten, damit sie nicht ins Gerede kommt. Nur die absoluten Insider werden eingeweiht, aber die sind diskret, die reden nicht über die Herrschaften. Natürlich ist auch eine Hochzeit absolut ausgeschlossen; das wissen beide. Sie wissen aber auch, dass das ihrer Liebe zueinander keinen Abbruch tut, denn die Ehe und die Liebe sind völlig verschiedene Dinge. Auf der Ehe beruht die gesellschaftliche Ordnung, denn in ihr werden die gesellschaftlichen Strukturen reproduziert. Die Ehe ist nach den Regeln der Zeit ein Ort der Gliederung von Erbschaftslinien, aber sie muss nicht unbedingt ein Ort sein, an dem die Liebe wohnt.

Was Rita von ihrer Mutter und im Beichtstuhl über Ehe und Liebe gehört hatte, schien auf Ranieros Burg außer Kraft gesetzt. Schon bald erlebte sie gemeinsam mit ihm, dass Vereinigung nicht nur der

Fortpflanzung dient. Am Anfang fühlte sie sich ein bisschen schuldig, weil sie Vergnügen empfand, wenn Raniero ihren Körper mit den Händen erkundete und keine Stelle unberührt ließ, wenn er mit der Zunge die Innenseite ihrer Schenkel befeuchtete oder seine Lippen mit ihren Brüsten spielten, wenn er ihr zärtlich zuflüsterte und schließlich sanft ihre Beine über seine Schultern legte und sie seine Bewegung in sich spüren konnte.

Eheleute sollten nichts als die Erzeugung einer nächsten Generation im Kopf haben, wenn sie sich vereinigten, hatte Papst Gregor I.[17] gewarnt. Allein das Streben nach Lust sei bereits eine Beschmutzung und Übertretung des Ehegesetztes. Nun gut, sie waren nicht verheiratet. Aber machte es die Sache nicht noch viel schlimmer? Raniero erklärte ihr, dass die Kirche diese Regeln nur aufgestellt habe, um die Sexualität zu disziplinieren, die Unzucht, was immer das sei, zu bekämpfen, die Menschen bis auf das Liebeslager hin und ganz besonders da zu kontrollieren. Sollte sie diese Dinge mit einem Priester besprechen? Rita schob den Gedanken beiseite. Es wäre später auch noch Zeit dazu. Viel zu sehr genoss sie das Zusammensein mit diesem Mann, der sie so sehr verwöhnte.

Oft fuhren sie zu einer Jagdhütte, die der Familie gehörte und nördlich vom Trasimeno-See auf einer Lichtung nah der Stadt Cortona stand. Hier verbrachten sie wunderbare Stunden. Wenn sie sich geliebt hatten, dachten sie über die Zukunft nach. Wie schön wäre es, sagte Raniero, wenn Heinrich von Lausanne mit seinen Ideen obsiegt hätte.

Dieser Mönch trat dafür ein, die Ehe von allen Standeshindernissen zu befreien. Sie müsse von allen Angelegenheiten des Geldes und der gesellschaftlichen Stellung unabhängig sein und gegründet allein in der gegenseitigen Zustimmung der Partner. Das hatte er schon 1116 in der Öffentlichkeit gepredigt. Aber er konnte sich nicht durchsetzen und wurde stattdessen als Ketzer verfolgt. Zu viel Selbstermächtigung in Zeiten, da der Widerstand gegen die obrigkeitlichen Disziplinierungsprozeduren noch im Keim erstickt werden konnte.

Das schlechte Gewissen meldete sich inzwischen nicht mehr bei Rita. Wenn sie mit Raniero über die kirchliche Lehre bezüglich ihrer gemeinsamen Unzucht sprach, erzählte er ihr die Geschichten von Geistlichen, die dies alles anders beurteilten. Gut, die waren keine Päpste, aber immerhin gelehrte und bibelkundige Theologen. Man konnte die Dinge offensichtlich unterschiedlich ansehen. Außerdem, urteilte Raniero, seien die Priester und Päpste eigentümliche Heuchler, die anderen die Lust am Leben verbieten und selbst heftigster Ausschweifungen frönten bis hin zur Vielweiberei. Da konnte er sich in Rage reden. Aber woher wollte er das so genau wissen? Derlei Behauptungen gingen Rita doch etwas zu weit.

Viel lieber hörte sie die Geschichte von Petrus Abaelardus und seiner Schülerin Heloisa. Dieser Abaelard, Sohn eines Ritters, hatte auf sein Erbe verzichtet und eine eigene Schule gegründet. Im Jahr 1114 wurde er der Hauslehrer von Heloisa, der Tochter eines Hochadligen. Die beiden gingen bald eine heimliche Liebesbeziehung ein, aus der ein Söhnchen namens Astralabius hervorging. Nun ließ sich die Beziehung nicht mehr verheimlichen, was für alle tragisch endete. Obwohl Petrus mit dem Onkel der Geliebten, einem Kanoniker namens Fulbert, ein Abkommen geschlossen hatte, ließ dieser in einem Anflug von Kränkung und Zorn den unglücklichen Kindsvater überfallen und kastrieren.

„Komplett aber wird die Geschichte, wenn man die Zusammenhänge entdeckt", dozierte Raniero auf dem Lager in der Jagdhütte. „Es ging nämlich gar nicht in erster Linie um die heimliche Liebe; die hätte ja nur den gesellschaftlichen Skandal gebracht. Da hätte es Lösungen gegeben. Petrus war vorher schon mit seinen Lehren in Ungnaden gefallen. Ein Wunder, dass er überhaupt zum Hauslehrer bestellt werden konnte. Petrus wollte Wege zeigen, wie man über die menschliche Vernunft zum Glauben gelangen kann und räumte dem Zweifel eine erhebliche Position für einen vernünftigen Glauben ein. Er verfasste 158 Abschnitte, in denen er Widersprüche in biblischen Texten und in Schriften der Kirchenväter aufzeigte. Und dies nicht, um die Verfasser zu diskreditieren, sondern um deutlich zu machen, wie man mit dem Verfahren der Interpretation Konflikte in traditioneller Darstellung lösen und bei einem reifen Glauben bleiben kann, der das denkende Hirn nicht beleidigt. Sofort sah sich der Klerus als

Hüter der Wahrheit auf den Plan gerufen. Besonders ein gewisser Bernhard von Clairvaux, der diese Lehren als häretisch anprangerte und Papst Innozenz II. 1141 davon überzeugen konnte, dass Abaelardus in den Kerker gehört und seine Werke öffentlich verbrannt. Da siehst du den ganzen Starrsinn, liebste Perle."

„Davon verstehe ich nichts", entgegnet Rita. „Aber die Liebesgeschichte gefällt mir. Und überhaupt; mir wird langsam etwas kühl. Komm und wärme mich noch ein bisschen. Mein Schoß ruft nach dir."

Vielleicht ist es an diesem Nachmittag geschehen. Vielleicht hat die Geschichte von Abaelardus und Heloisa die Perle besonders empfänglich gemacht.

Als die Regel dreimal hintereinander ausgeblieben war, zog Rita ihre Freundin Cara ins Vertrauen, aber über Spekulationen kamen die beiden nicht hinaus. Sicherheit über eine mögliche Schwangerschaft konnte erst mit spürbaren Bewegungen des Kindes erzielt werden, was gewöhnlich im vierten Monat der Fall ist. Vorsorglich wurde Rita also in der Burg in Valiano einquartiert. Um der sozialen Kontrolle im Kreis der städtischen Händler und in adligen Kreisen zu entkommen. Wie ein Lauffeuer wäre es durch Montepulciano gegangen: die Mätresse vom Tuchhändler ist schwanger. Solches Gerede zieht die ganze Familie in den Schmutz und das ist nicht gut für die Geschäfte. Besonders Onkel Guglielmo machte sich Sorgen um den Ruf. Dass es ihm dabei nicht allein um die moralische Seite der Geschichte zu tun war, ahnte Rita zu diesem Zeitpunkt noch nicht. Ihr war es nur recht. Ohnehin war sie viel lieber auf der Burg als im Palazzo.

Eines schönen Tages tauchte eine Frau auf, einige Jahre älter als Rita, knapp dreißig mag sie gewesen sein, die sich ihr als Mariana vorstellte. Sie betreue das Haus Pecora in Krankheitsangelegenheiten, beteuerte aber zugleich, dass der Zustand, in dem Rita sich mutmaßlich befinde, mit Krankheit nichts zu tun habe, auch wenn in allgemeiner Vorstellung die Schwangerschaft als Krankheit gelte. Nun war Rita informiert.

Tatsächlich brachte die folgende Untersuchung des Muttermunds Klarheit. Rita war im beginnenden vierten Monat schwanger. Merkwürdig, aber sie machte sich in diesem Moment keine Sorgen über das, was dieser Zustand nun auslösen könnte. Vielmehr war sie in ihren Gedanken beschäftigt mit dieser Frau, die ihr geschickt worden war. Vom ersten Augenblick an empfand sie große Sympathie und hatte schon nach kurzer Zeit freundschaftliche Gefühle für Mariana. Deren kundige und beruhigende Ausstrahlung erzeugte eine wohltuende Atmosphäre. Rita fühlte sich geborgen und sicher in der Nähe dieser Person. Humorvoll machte sie ihr deutlich, dass man manchen Hinweis besser nicht befolgen sollte. Wenn man Rita beispielsweise raten würde, nicht zu baden, da heißes Wasser dem Kind schade – am besten ignorieren! Auch von der Warnung vor dem falschen Blick, unter dem Rita sich gerade nichts vorstellen konnte, aber auch nicht fragen wollte, solle sie sich nicht beirren lassen. Und mit einem Augenzwinkern sagte Mariana, das gelte ebenso für die Warnung vor Geschlechtsverkehr. Hier errötete die Schwangere ein wenig.

Bei Ritas Wunsch, man müsse ihr doch jetzt ein Bild oder eine Figur der Mutter Gottes bringen, das sie bei sich tragen und betrachten wolle in dieser besonderen Zeit, lächelte Mariana. Das sei nicht ihre Zuständigkeit, sagte sie, aber es könne gewiss nicht schaden. Außer ein paar Vorgaben, die bei der Ernährung zu beachten seien, erklärte Mariana noch, dass man sich nun sicher öfter sehen werde. Sie werde regelmäßig nach ihr schauen, aber Rita müsse sich darüber keine Gedanken machen. Es geschehe einzig und allein aus ärztlicher Fürsorge ... Wie vorsichtig und einfühlsam diese Frau doch war, dachte Rita. „Ich freue mich, wenn wir uns wiedersehen“, versicherte sie der Ärztin, die ihr noch ein Fläschchen mit einer Flüssigkeit reichte, nur für den Fall, dass sich ein Unwohlsein einstellen sollte, wie sie erläuterte.

Wenn nicht Cara hin und wieder nach Valiano herüberkam, war Rita in diesen Wochen viel alleine. Sie setzte sich oft auf den Turm und dachte nach, während der Blick weit über das Land ging. Wie es wohl dem Vater ergehen mochte? Cara hatte ihr berichtet, er sei krank gewesen, und als er sich, obwohl noch nicht vollständig genesen, wieder im Weinberg zu schaffen gemacht hatte, gab es einen heftigen Rückfall. Jacopo sei rund um die Uhr an seine Stelle getreten. Überhaupt bestelle inzwischen Jacopo im Wesentlichen den Hof mit Acker und Wingert. Der gute Jacopo. Was er jetzt wohl über sie dachte? Nicht einmal mehr gesehen hatte sie ihn vor ihrem Aufbruch. Wenn sie die Andeutungen ihrer Freundin richtig verstanden hatte, wollte er sich wohl mit ihr trösten, doch er konnte auch Cara nicht für sich gewinnen.

Die hatte ganz andere Dinge im Kopf. Glühend vor Begeisterung erzählte sie, sie habe Leute einer Bewegung getroffen, die für die völlige Handlungsfreiheit in religiösen Dingen kämpften, da sie vom heiligen Geist erfüllt seien und als reine, göttliche Seelen nicht der Leitung durch die Pfarrer und Kardinäle bedürften. Die Kirche müsse von ihrem verderblichen Weg ablassen, Buße tun oder die Geisterfüllten wirken lassen. Das klang nach Protest – und Protest zog Cara schon immer an. Es klang aber auch nach Gefahr. Solche Reden würden sich die Priester und Äbte doch nicht bieten lassen. Das ahnte Rita sehr genau. War Cara in eine Sekte hineingeraten? Es hörte sich ganz danach an. Unwillkürlich musste Rita an die Warnungen ihrer Mutter denken. Ach, die Mutter! Wie sehr sie sie immer noch vermisste. Manchmal redete sie mit ihr, wenn sie sich auf dem Turm unbeobachtet fühlte.

„Wie traurig, Mutter, dass du nicht mehr da bist und ich dich nicht mehr fragen kann. Und wie gut, dass du alles, was sich inzwischen zugetragen hat, nicht mehr erleben musstest. Der große Streit und meine Flucht hätten dir das Herz gebrochen. Und nun auch noch die ehelose Schwangerschaft. Du würdest von einer großen Sünde sprechen, aber es ist so schön mit Raniero. Auch wenn wir nicht verheiratet sind, sorgt er so gut für mich. Wenn du doch nur verstehen könntest, Mutter. Wenn du sehen könntest, wie gut es mir geht!"

Das Fläschchen musste sie noch nicht öffnen. Sie fühlte sich wohl und machte sich auch keine Sorgen. Raniero kam zur Burg, wann immer es die Zeit erlaubte, hielt sich offensichtlich gern bei ihr auf und wurde nicht müde, immer wieder zu betonen, wie sehr er sich freue über ihre Gemeinsamkeit. Jeder Empfehlung der Ärztin folgten sie. Ohne Ausnahme.

Auf ihren kleinen Streifzügen durch die Burg hatte sie einen Raum entdeckt, in dem sie sich nun sehr oft aufhielt. Dieser Raum war zwar meistens verschlossen, aber inzwischen hatte sie Zugang zum Schlüssel. Eine neue Welt tat sich in diesem Raum auf. Und sicher wäre Rita eine andere geworden, wenn sie nicht eines Tages hätte hineinschlüpfen können. Drinnen war es etwas dunkel und die Wände waren voller Regale mit Büchern. Rita dachte an das Regal an der Wand in der Stube, auf dem die Bibel, das Gesangbuch und das Büchlein für die tägliche Andacht standen. Hier konnte sie die Fülle auf einmal gar nicht erfassen. Zunächst dachte sie, sie sei allein in diesem Raum und wagte sich näher, um mit dem Handrücken die Bücher zu berühren.

Vorsicht, Fräulein, hörte sie eine Stimme und erschrak. Aus einem dunklen Winkel trat ein Mann hervor, der gebückt auf sie zukam.

„Nicht erschrecken, Fräulein. Ich bin Francesco, der alte Lehrer von Raniero. Wir sind uns noch nicht begegnet, weil ich die meiste Zeit hier in der Bibliothek verbringe, aber ich habe schon vor dir gehört."

„Francesco, der alte Lehrer von Raniero", wiederholte Rita seine Worte, während sie sich vorstellte, wie es sein müsste, den ganzen Tag hier bei den Büchern zu sein.

„Liebst du Bücher auch so sehr wie ich?", fragte der Alte.

„Ich kenne kaum Bücher. Und ich kann sie auch nicht lesen. Aber sie sehen kostbar aus."

„Sie sind kostbar, Fräulein. Die Universität von Bologna hat kaum wertvollere Exemplare. Bedeutende Werke findest du hier. Die del Pecoras haben sie auf vielen Reisen gesammelt und hierhergebracht."

Rita fühlte sich etwas eingeschüchtert und doch durch die warmherzige Art dieses Mannes angerührt. „Gerne würde ich das alles verstehen", sagte sie. „Aber wenn ich die Bücher nur anschaue, wird sich der Inhalt nicht auftun."

„Du bist ein kluges Fräulein. Wie schade, dass dir der Unterricht bisher versagt war, Fräulein."

„Ich heiße Rita. Nennen Sie mich ruhig so, mein Herr."

„Deinen Namen kenne ich. Du bist schließlich die Perle meines Schülers und für ihn mindestens so kostbar wie diese Bücher. So kommt es mir zumindest vor, wenn er von dir spricht."

„Er spricht von mir? Sie beide sprechen von mir?"

„Nur Gutes, Rita. Was auch sonst? Wenn du willst, kann ich dir das Lesen beibringen. Bücher haben wir ja genug, mit denen du üben kannst. Es würde mir Freude machen, wieder ein wenig zu unterrichten. In den letzten Jahren bin ich hier fast nur mit Andacht und Beichte für das Heil der Seele zuständig. Dabei bin ich gewiss, dass zum Heil der Seele auch die Bildung gehört, besonders die Bildung. Und nenne mich bitte Francesco."

Von nun an sah Rita ihren Lehrer über eine lange Zeit fast täglich und fasste schnell Vertrauen zu dem alten, gebildeten Mann. An die schweren Folianten durfte sie zunächst nicht heran. Das Zusammensetzen der Buchstaben zu Worten und der Worte zu Sätzen lernte die Schülerin unter Anleitung Francescos an kleinen Abenteuerromanen, die aus antiken Heldensagen gespeist waren. Sie lernte schnell und ihr Ehrgeiz nährte sich aus dem Wunsch, bald auch die wertvollen Werke ansehen zu dürfen.

Als es nach einigen Wochen so weit war, führte sie Francesco in die Schätze der Bibliothek ein, und wenn Rita auch zu diesem Zeitpunkt noch nicht wissen konnte, dass die Lektüre dieser Bücher ihr Denken verändern würde, ahnte sie doch, welche Schätze sich hinter den großen, wohlklingenden Namen und Titeln verbargen, und sie empfand neben Freude auch Respekt.

Mit den Bekenntnissen des Augustinus vertiefte sie ihre Lesefähigkeiten und fühlte sich beim Studieren der Mutter wieder sehr nah. Wie quälte er sich doch, dieser Kirchenvater, unter Selbstanklage und Verdammnis. Sittenverderbnis wirft er sich vor und ein Leben in der Schande eigener Nichtigkeit. Von Stolz gebläht schildert er sich – und von Dünkel angetrieben zu immer größeren Sünden. Die Sätze machten Eindruck auf die schwangere Frau: „Bis zum Verwildern trieb' ich's im Wechsel meiner dunklen Liebesabenteuer ... hinabgerissen die Steilhänge der Leidenschaft und gestürzt in den Strudel der Laster ... gewälzt im Schlamm des Abgrunds und in den Finsternissen des Irrtums."

Schwere Kost hast du hier zu dir genommen, denke ich. Kost, von der du ja schon durch die Worte der Mutter genährt wurdest. Kein

Wunder, dass sich in deinem späteren Leben auch Selbstkasteiungen als Bußübung finden, wenn du doch in den Confessiones gelesen hast, dass Mühsal und Beschwer, wenn schon nicht geliebt, doch als von Gott verlangt ertragen werden müssen. Andere Werke dieser Bibliothek haben dich noch mehr beeindruckt und geprägt. Das beruhigt mich, Rita.

Du bist wieder auf Petrus Abaelardus gestoßen, von dem Raniero in der Jagdhütte erzählt hatte. Gern hättest du aus dem Mund deines Lehrers die Geschichte mit Heloisa gehört, aber Francesco schien wenig interessiert an diesen Dingen. Vielmehr führte er dich mit den Texten in das Denken Abaelards ein, sodass du den Stein des Anstoßes besser verstehen konntest.

Den Verstand einsetzen, um durch nachdenkende Untersuchung der Wahrheit näherzukommen. Das musste jedem ein Dorn im Auge sein, der Vernunft und Glauben für einen Gegensatz hielt, wie etwa Bernhard von Clairvaux, von dem zu hören und zu lesen war, die Vernunft ziehe eine Trennwand zwischen die Seele und Gott. Unerschrocken lehrte aber dieser Petrus den Zweifel als Weg zur Wahrheit und ermutigt zum Fragen und Hinterfragen von Autoritäten. Schließlich verwalte der Klerus nicht den Besitz der Wahrheit.

Begeistert hörte Rita ihrem Lehrer zu, wenn er von anderen Denkern und Wissenschaftlern sprach, die ähnliche Ansichten wie Abaelardus vertraten und dafür angefeindet wurden. Sie lernte Bonaventura kennen, den Francesco offenbar sehr schätzte und der seinen Namen angeblich direkt durch den Ordensgründer erhalten hatte, als er nämlich 1226 mit seiner Mutter Franziskus besuchte, der ihn einmal vom Fieber geheilt hatte, nun selbst dem Tode nahe war – und „o buona ventura" ausgerufen haben soll.[18] Auch er, dessen Name vormals Giovanni di Fidanza war, wollte Glauben und Vernunft zusammendenken, sei dabei aber nicht so radikal wie Abaelard gewesen, dozierte Francesco. Dieser wurde richtig schwärmerisch – so hatte Rita ihn bisher noch nicht erlebt –, als er die kleine Anekdote von Bonaventura und dem großen Thomas von Aquin erzählte. Als Thomas zu Besuch kam und den Bruder im Herrn fragte, wo seine

Bibliothek sei, aus der er seine große Kenntnis erhalte, habe Bonaventura nur auf den Gekreuzigten gedeutet.

Sympathisch, dieser Bonaventura, dachte Rita. Später war sie ihm gegenüber skeptischer. Aber damals in der Burg konnte sie ja noch nicht wissen, was sich einige Jahre später zutragen sollte, als dieser Mann von Papst Gregor X., mit bürgerlichem Namen Tebaldo Viskonti, zum Kardinal ernannt wurde, nachdem er selbst Gregor zuvor zur Papstwahl vorgeschlagen und empfohlen hatte. Wie doch immer wieder eine Hand die andere säubert. Da konnte Rita kaum mehr glauben, dass der frisch ernannte Kardinal im Klostergarten beim Geschirrspülen gewesen sein soll, als die Boten den Kardinalshut überbringen wollten, und sich auch nicht in seiner Arbeit hindern ließ und die Gesandten nur bat, den Hut einstweilen an einen Ast am nahen Baum zu hängen.

Als Rita den Lehrer nach einem gewissen Roger Bacon befragen wollte, verfinsterte sich dessen Blick.

„Wo hast du von Bacon gehört?"

„Raniero hat ihn einmal erwähnt und mir schien, er habe etwas für dessen Gedanken übrig."

„Das sollte mich wundern und es sollte mich beunruhigen. Über Bacon habe ich keine Neigung zu sprechen. Da fragst du besser Giovanni."

„Giovanni? Habe ich diesen Menschen hier schon gesehen?"

„Du hast ihn sicher schon gesehen, ohne zu wissen, wer er ist. Du wirst ihn kennenlernen. Er ist nicht von der zurückhaltenden Sorte, obwohl es manchmal von Vorteil für ihn selbst und alle anderen wäre."

Weil die Schülerin sich außerordentlich gelehrig zeigte, wuchs auch der Ehrgeiz des Lehrers, sodass Rita in den Bibliotheksstunden nicht nur das Lesen und das analytische Denken lernte, sondern auch in die lateinische Sprache eingeführt wurde. So konnte sie sich im „Buch der Bücher", nein nicht in der Bibel, sondern in der Enzyklopädie „Speculum maius" – dem „Großen Spiegel" – über das zusammengefügte Wissen der Zeit informieren. In den 30er-Jahren ihres Jahrhunderts, so wusste Francesco zu erläutern, wurde der Dominikaner

Vinzenz von Beauvais von seinem Orden mit dieser Arbeit beauftragt, auf dass Ordensbrüder, die keine Universität besuchen konnten, sich bildeten. Wie kam dieses kostbare Buch hierher auf die Burg? Ein Vermögen muss Raniero dafür aufgewendet haben.

Ein Werk, das Rita verschlossen blieb, war das „Buch der gesammelten Werke über die Heilkunst“, das der arabische Arzt Ibn Ruschd verfasst hatte. Wenn auch schön anzuschauen, handelte es sich hier doch um die von Jacob Anatoli ins Hebräische übersetzte Ausgabe.

„Leider kann ich es auch nicht vollständig lesen“, bekannte Francesco. „Wenn du mehr darüber wissen willst, müsstest du mit Mariana sprechen.“

„Mit Mariana? Spricht sie denn Hebräisch?“

„Hebräisch? Ich weiß nicht ... Ich meine nur, weil sie doch Ärztin ist und es in diesem Buch um die Heilkunst geht.“

Wie um schnell wieder abzulenken, zog der Alte ein anderes Buch hervor. Und dieses fesselte Rita nun tatsächlich über lange Zeit. Ibn Sinas[19] „Kanon der Medizin“ in der lateinischen Ausgabe von Gerhard von Cremona war das Buch, das womöglich neben der Verbindung mit Mariana den Anstoß zur größten Sehnsucht Ritas gab, nämlich zur Heilung von Menschen beizutragen, sich um Kranke zu kümmern und sich für das Leben einzusetzen. Die umfangreichen Forschungen und Kenntnisse auf medizinischem Gebiet beeindruckten Rita ebenso wie die naturwissenschaftliche Bildung und der religiöse Lebenswandel des Avicenna, wie er auch genannt wird, dieser Universalgelehrte. Auch er suchte nach der Verbindung von Vernunft und Glauben und betonte, dass die Würde des Menschen in seiner Verantwortung für das Leben liege. Hier überlegte Rita lange. Wenn sie auch bislang wenig über die Würde des Menschen gehört und schon gar erfahren hatte, so erinnerte sie sich doch an die Predigt des Kaplans in der Dorfkirche, der eindrücklich davon gesprochen hatte, dass die Würde des Menschen in der Ebenbildlichkeit begründet sei.

„Wie ist das, Francesco? Hängt unsere Würde daran, dass wir nach Gottes Bild geschaffen sind[20] oder hängt sie an der Verantwortung für das Leben?“

Mein Gott, was dieses Fräulein für Fragen stellt. „Natürlich liegt unsere Würde darin, dass Gott uns nach seinem Bild geschaffen hat." Der Alte ließ sich die Frage noch einmal durch den Kopf gehen.

„Und sicher auch an der Verantwortung für das Leben", fügte er nachdenklich an.

Plötzlich wurden sie unterbrochen. Ein Diener stürzte herein, um Francesco zu holen. Raniero verlange nach ihm, es sei dringend. Rita war nun alarmiert, denn in letzter Zeit war es häufiger vorgekommen, dass der Alte herbeigeholt wurde, um zu beraten, zu trösten, zu beschwichtigen. Um irgendetwas mit Politik ging es dabei. So viel hatte Rita herausgefunden. Selbst auf ihr Drängen hin wollte Raniero nicht mehr sagen, um sie nicht zu belasten, zumal in ihrem Zustand. Schwangerschaft ist keine Krankheit, zitierte sie dann ihre Ärztin.

Diesmal ließ sie sich aber nicht mehr heraushalten. Zu groß wirkte der Aufruhr drüben im Saal der Burg. Als Rita dazukam, waren außer Raniero und Francesco auch der Vater Ranieros und ein ihr unbekannter Mann, der sich als juristischer Berater herausstellte, versammelt. Merkwürdig, dass Mariana bei den Männern saß. Später erklärte Raniero, dass man sie gern bei solchen Gesprächen in der Runde hatte. Sie werde geschätzt als besonnene Beraterin mit einem hilfreichen Blick für die Lage und einem scharfen Verstand für das geeignete Tun. Schließlich erlebte Rita einen äußerst aufgeregten Guglielmo del Pecora. Unbekannte hätten im Lager Feuer gelegt und dabei beträchtlichen Schaden angerichtet. Wertvolle Tücher seien nicht mehr zu gebrauchen. Dass nicht das ganze Gebäude den Flammen zum Opfer gefallen sei, habe man nur der Besonnenheit eines Wächters zu verdanken. Sofort war von Brandstiftung die Rede, denn für die Männer war klar, wer hinter diesem Brandanschlag steckte. Für eine solche Schandtat kam niemand außer den Parteigängern des Kaisers infrage, mit denen man sich seit Jahren erbitterte Kämpfe lieferte. Vor fast fünf Jahren hatten diese Ghibellinen, die nach der württembergischen Stauferstadt Waiblingen benannt waren, die Guelfen besiegt, welche die Politik des Papstes unterstützten. Diese nahmen den Fehdehandschuh auf. Brände, Plünderung und sogar Blutvergießen traten auf den Plan.

Die erneute Tat konnte nicht ungesühnt bleiben. Darin waren sich die Männer einig. Selbst Francesco, der sonst so ausgleichende und friedliebende Zeitgenosse, plädierte für Rache. Einzig Mariana sagte, die Rache sei Gottes Sache, was nicht bedeute, dass Gott ein gewalttätiger Machthaber sei, sondern die Rache zu seiner Sache mache, um sie aus der Hand der Menschen zu nehmen und damit zu begrenzen. Man sehe ja im Rückblick, dass Gewalt nur zu neuer Gewalt führe. Man ging nachdenklich auseinander, aber Rita sah in den Gesichtern, dass der Plan zum Gegenschlag bereits nicht mehr aus den Köpfen zu tilgen war.

Am Abend sprachen Rita und Raniero noch lange über den Vorfall. Dabei erfuhr Rita einiges über die Geschichte dieses Machtkampfes. Im Grunde war es ganz einfach. Der Kaiser wollte am wirtschaftlichen Wohlstand der aufstrebenden Städte teilhaben und gleichzeitig kontrollieren, wozu er einerseits nach außen den Drang der Städte zu immer weiterer Ausdehnung ihrer Handelsräume begrenzen wollte – und andererseits nach innen seine Beobachter und Verwalter einzusetzen gedachte. Beidem widersetzten sich die städtischen Machthaber, die sich lieber der päpstlichen Partei anschlossen. Diese nutzte ihre internationalen Verbindungen, um den Handel mit aller Herren Länder zu begünstigten. Wie immer geht es um Geld und Macht, um Ansehen und Einfluss, dachte sich Rita. All das passte eigentlich gar nicht zu Raniero, aber in dieser Frage zeigte er sich unerbittlich.

Die Zeichen standen auf Sturm, aber zu diesem Zeitpunkt ahnten die beiden noch nicht, dass wenige Jahre später der Konflikt so eskalieren würde, dass eine Schlacht bei Colle val d'Elsa nahe Siena einen Umsturz zugunsten der Guelfen brachte und Raniero keine unerhebliche Position bei der Machtübernahme einnehmen sollte. Dieses Ereignis und der Umstand, dass bei der Schlacht der ghibellinische Anführer Provenzino Salvini zu Tode kam, katapultierte Raniero auf der Todesliste seiner Widersacher ganz nach oben. Der toskanisch-sienesische Konflikt zwischen den Pecoras und den Cacciaconti stand für den Krieg auf der großen Bühne und war der Grund, warum Raniero im Jahr 1272 unter die ghibellinischen Räuber fallen sollte. Dass wenige Monate nach diesem Mord auch Ranuccio, ein Sohn der

Cacciaconti, tot aufgefunden wurde, erfuhr Rita, als sie längst bei den Franziskanern in Cortona angeklopft hatte.

Zuvor solltest du noch die lebhaften Diskussionen erleben, die immer wieder geführt wurden, wenn die Runde in merkwürdiger Zusammensetzung beieinander war. Hier hast du nun endlich Giovanni kennengelernt, von dem der Alte in der Bibliothek gesprochen hatte. Ein hitziger Vertreter neuartiger Überlegungen mit scharfem Urteilsvermögen. Das hat dir gefallen. Hier wird dir deutlich, dass Cara nicht nur verzweigte Kontakte ins Adelshaus hatte, sondern eine Vertraute Giovannis ist, der sie mitgebracht und in die Burgrunde eingeführt hat. Oder war es sogar umgekehrt?

Giovanni: „Es ist kein Wunder, dass die Menschen aus dem Volk die Sakramente nicht mehr von Priestern empfangen wollen, die einer Kirche dienen, die jede Glaubwürdigkeit verloren hat."

Francesco: „Müssen wir uns nun schon wieder deinen Vortrag über die verderbte Kirche und den Vorzug der Laienbewegungen aus Südfrankreich und Norditalien anhören? Dabei übersiehst du, lieber Bruder, dass es in den Reihen der Reformer Ketzer in großer Zahl gibt, die die Grundlagen unseres Glaubens angreifen."

Giovanni *(aufgebracht)*: „Manche übertreiben, das ist wahr. Aber die Vergehen vieler Bischöfe und Priester bis hin zum Heiligen Stuhl sind nicht zu leugnen. Wie kann man Gewalt und Krieg fördern, wenn der Herr der Kirche die Friedfertigen seligspricht!"

Francesco: „Aber ist nicht alles Leben auch Kampf? Hängt nicht auch das Heil vom Kampf ab, vom Kampf zwischen Tugend und Laster?"

Rita hört ihre Mutter sprechen und schaltet sich mutig ins Gespräch ein: „Zählt aber nicht gerade die Friedfertigkeit zu den am meisten geschätzten Tugenden", wirft sie vorsichtig ein.

Francesco: „Zu den Tugenden zählt auch das Opfer. Und muss nicht, wenn es anders nicht geht, das Leben geopfert werden, um das Königreich Christi zu erlangen?"

Mariana: „Vom Opfer und vom Königreich Christi verstehe ich zu wenig. Jedoch las ich vom Reich des Königs David und dass er die

Bundeslade nach Jerusalem holen wollte. Er scheiterte, so wird erzählt, bei seinem ersten Versuch, als er die Lade mit einem militärischen Marsch heimzuführen suchte. Als er jedoch beim zweiten Gang das schlichte Leinenkleid trug, war seinem Unternehmen Erfolg beschieden.“[21]

Francesco: „Eine Geschichte aus dem 2. Samuelbuch. Und weiter? Was bedeutet deine Rede?“

Mariana: „Für mich bedeutet diese Erfahrung des Königs, dass Gott sich offenbar gegen die Vermischung von militärischer Macht und Religion zur Wehr setzt und diese Vermischung vom Scheitern bedroht ist. Gott ist und bleibt das Gegenüber zu König und Kaiser. Und jedwede Vereinnahmung Gottes erhält in der Schrift eine Absage.

Giovanni *(angeregt durch die Rede der Frauen)*: „So ist es. Und der Griff zum Schwert und zum Folterinstrument ist nicht das einzige Vergehen. Völlerei und prunkvolles Gewese in den Palästen der Kurie stoßen die Menschen ab. Selig die Armen, sagt Jesus. Und Franziskus, dem wir folgen wollen, hat Verzicht geübt und Armut gelebt in überzeugender Weise.“

Francesco *(nun etwas gereizt)*: „Aber das hatten wir doch auch schon viele Male.“

Giovanni: „Dadurch wird es nicht weniger wahr!“

Francesco: „Aber höre doch meine Rede!“

Mariana: „Wo viel ‚aber‘, kommt es an kein gutes Ende.“

Francesco: „Das Ende liegt in Gottes Hand. Es sei aber gesagt, dass die Entscheidung für ein Leben in Armut eine persönliche Entscheidung sein muss. Franziskus hat sich so für den Verzicht auf Reichtum entschieden. Soll es aber ein Zwang für alle sein, die ...“

Giovanni: „Franziskus hat sich so entschieden, weil er Jesus nachfolgen wollte und musste. Er konnte nicht anders, als den Ruf Jesu zur Armut zu hören. Die Vögel haben Nester und die Füchse Gruben, aber der Menschensohn hat nichts, wohin er sein Haupt lege.[22] Und man kann nicht Gott und dem Mammon dienen![23] Besitz macht abhängig und zerfrisst die Neigung zur Geschwisterlichkeit.“

Raniero: „Hier lege ich ein Wort für die Freiwilligkeit ein, wie ich überhaupt ein Freund des freien Willens bin.“

Giovanni *(lacht)*: „Das glaube ich gern. Wer würde als Adelsmann mit florierendem Tuchhandel in Sachen Entbehrung nicht für die Freiwilligkeit streiten?"

Francesco: „Und doch trinkst du Ranieros Wein! Es muss Kompromisse geben. Wir leben nicht im Paradies. Ach, einmal mehr muss ich an diesem Abend zur Mäßigung mahnen, bevor Unfrieden unter uns Ordensmänner kommt."

Giovanni: „Es gibt keine gemäßigte Nachfolge!"

Francesco: „So weit waren wir schon. Der Keil war – Gott sei es gedankt – entfernt durch die heilvolle Vermittlung des Bruders Bonaventura."

Rita sieht das Blitzen in den Augen Giovannis und nimmt auch die Unruhe bei Cara wahr *(Cara geht im Raum auf und ab)*. Sie spürt ihre eigene innere Anspannung, denn nun würde ans Tageslicht kommen, was der Alte in der Bibliothek verborgen gelassen hatte.

Giovanni: „Ein Loblied auf den großen Bonaventura, die gute Fügung und heilvolle Zukunft."

Francesco: „Halte dich fern vom Spott, sonst ist die Sünde nicht weit!"

Giovanni: „Ich spotte nicht, ich rede von der Wahrheit. Und zur Wahrheit gehört, dass dieser Bruder für Johannes von Parma, der sein langjähriger Freund und Förderer war, nicht zur glücklichen Fügung und günstigen Zukunft geworden ist. Für seine Verurteilung hat er gesorgt ..."

Francesco: „Lass doch die alten Geschichten ruhen, Giovanni, und gib das Schicksal in Gottes Hand."

Giovanni: „Alte Geschichten? Gerade einmal zehn Jahre liegt es zurück!"

Francesco: „Aber er war doch vom Glauben abgewichen und hat große Sympathien für die Lehren Joachim de Fiores[24] gezeigt. Das hast du doch nicht vergessen? Willst du nun auch der Vorstellung vom Dritten Zeitalter des Heiligen Geistes anhängen?"

Giovanni *(inzwischen gerötete Wangen)*: „Davon kann keine Rede sein. Aber ihn der Inquisition auszuliefern, ist eine Sünde. Niemand sollte wegen seines Glaubens verfolgt werden. Und ging es ihm überhaupt um den Glauben? Ist der große Verfechter des rechten Glaubens nicht in Manier der Bescheidenheit und Selbstlosigkeit direkt zum Nachfolger Johannes' als Ordensgeneral geworden?"

Francesco *(knapp und anweisend)*: „Er wurde gebeten von den Brüdern und berufen von Gott."

Cara *(in großer Aufregung immer noch gehend)*: „Es ist eine Schande, die Hunde auf seine Geschwister zu hetzen, weil sie anders denken und anders glauben. Und es ist eine Schande, dass die Bettelorden beteiligt sind daran."

Rita: „Die Orden sind beteiligt? Ist nicht die Leitung der Inquisition eine Sache der Bischöfe?"

Raniero: „So war es einmal, bis Gregor IX.[25] höchstselbst die Beauftragung verändert hat. Und nun sind die Kräfte, die getreu dem Evangelium leben wollen, in der Zwickmühle. Das war ja auch die Absicht. Die Rechnung ist aufgegangen."

Cara: „Und nun bin ich nicht sicher vor meinen eigenen Geschwistern im Herrn. „Und wie im Krieg geht es um harte Gewalt, seit Innozenz, dieser Adlige Sinibaldo de Fieschi, die Inquisition zur Anwendung der Folter ermächtigt hat. Nur hier in diesen Mauern kann ich frei reden."

Francesco: „Es gebührt dem Laienstand auch nicht die öffentliche Rede. Dazu sind Gelehrte berufen."

Cara: „Das ist ja das Problem! Gerne würde ich lernen an Schulen und Universitäten. Nur lässt man mich nicht, weil ich eine Frau und eine aus dem niederen Volk bin."

Rita: „Ich bin eine wie du, Cara, aber Francesco hat mich vieles gelehrt."

Francesco *(nun errötend und etwas aus der Fassung gebracht, stotternd)*: „Nun, ähm, ein wenig Studium in den Büchern ... Was nicht schaden kann ... Niemandem ..."

Raniero: „Lass nur, verehrter Lehrer. Schon lange weiß ich, dass du Rita unterrichtest. Und ich bin froh darum."

Cara: „Schön, dass ihr euch so harmonisch in der Bibliothek ergeht. Es ist recht und billig. Aber wir reden, wie es der Geist eingibt. Diese Rede kommt nicht aus Büchern. Sie kommt von Gott."

Francesco *(hat seine Fassung wiedergefunden)*: „Vorsicht, Cara. Kaum jemand von uns würde behaupten, seine Rede sei direkt von Gott. Sieh nur zu, dass du nicht zu nah an die Bewegung des Gerardo Segarelli[26] heranrückst."

Giovanni: „Hier muss ich Cara aber beistehen ..."

Mariana: „Du stehst Cara immer bei, guter Giovanni."

Giovanni *(unbeirrt)*: „Was hast du nun wieder gegen Segarelli? Weil er aus Parma kommt wie Bruder Johannes – und aus Parma nichts Gutes kommen kann?"

Francesco: „Werde jetzt nicht trivial, Giovanni. Sie glauben sich vom Geist besonders erleuchtet und nennen sich Apostoliker. Selbst die drei Zeitalter des Joachim genügen nicht. Ein viertes sei mit ihnen angebrochen, behaupten sie. Und damit weichen sie alle von der Schrift ab, die klar besagt, dass in Christus die Zeit erfüllt ist.[27] Man sieht, wohin es führt! Willst du die Autorität Jesu als Sohn Gottes bezweifeln und gar die Inkarnation in Frage stellen?"

Giovanni: „Das liegt mir fern! Was aber bedeutet die Inkarnation?"

Francesco: „Das fragst du! Wurdest du es nicht gelehrt?"

Giovanni *(bemerkt, dass es nun gefährlich werden könnte, redet vorsichtiger)*: „Ich wurde es gelehrt. Es bedeutet, dass im Herrn Gott Mensch wurde."

Mariana: „Es könnte auch bedeuten, dass Jesus Gottes Wort und Willen schlicht verkörpert hat."

Francesco: „Oh weh ... Was muss ich hören! Herr, sende deinen Geist!"

Cara: „Der Geist weht, wo er will. Er weht nicht nur in Rom und bei den Römischen."

Francesco: „Es ist aber auch nicht recht, sich auf Erscheinungen und persönliche Visionen zu berufen, die kein Mensch überprüfen kann. Auf dieser Grundlage möchte ich mir wohl alles herausnehmen, wie es euch zu gefallen scheint. Ihr predigt Gottes Wort auch durch Frauen. Ihr nehmt das Recht der Sakramente ..."

Cara *(lakonisch)*: „Was sollen wir tun, wo wir doch von alledem ausgeschlossen sind? Und dabei ist es nun einmal so, dass wir Gottes Stimme direkt hören."

Francesco: „Ja, ihr habt persönliche Offenbarungen. Und dann veranstaltet ihr Prozessionen von Ort zu Ort, verunsichert im Büßerhemd – wohlgemerkt: nichts gegen Buße, aber viel gegen eine große Schau – ihr verunsichert die Leute, so wie dieser Fasani, der wie Jona in Ninive den Untergang Perugias ankündigt und Endzeitstimmung verbreitet auf seinen Geißlerzügen von 33 Tagen, die er an die Lebensjahre Jesu anlehnt ... Ach, es wird mir leid."

Raniero: „Es graut auch schon bald der Tag. Zeit wird es, dass wir's für dieses Mal enden lassen."

Oft hat der Burgherr die Runde beendet, als draußen schon die Vogelstimmen zu hören waren. Manchmal war es aber auch die Ärztin, die lange zu schweigen wusste und spät noch einmal einen Satz einwarf – nicht, um das letzte Wort zu behalten, sondern weil sie eine Freundin des Zuhörens und der Geduld war. „Sei nicht zu schnell mit deinem Mund und lass deiner Worte wenig sein, denn wo viele Worte sind, da hört man den Toren", zitierte sie hin und wieder aus dem Buch Kohelet.[28]

Du hast diese Nächte geliebt, Rita. Sie waren dir die stimmige Ergänzung zum Lernen in der Bibliothek einerseits und sie gehörten zur leidenschaftlichen Liebe zu Raniero andererseits. Beides war so bedroht. Ohne dass du es erahntest, kündigte sich schon ein Ende an.

Zuvor solltest du aber noch mit Raniero Zukunftsbilder zeichnen und spüren, wie die Zuneigung im Vertrauen zueinander wächst. Du hattest im „Tractatus de amore" von Andreas Capellanus gelesen und auch im „Ersten Rosenroman" von Guillaume de Lorris mit seinem offenen Ende herumgestöbert und darin einiges über die höfische Liebe gelernt, was dich anregte für Gespräche mit Raniero. Denn es war ein Rätsel in deinen Augen, was davon zu halten war. Die Ehe, seit einhundert Jahren schon Sakrament, ausgeklammert; nun gut, sie kam auch für dich nicht infrage. Aber das Zusammenleben wie in einem friedlichen Garten, ohne Zorn und Fluch, dafür in gegenseitigem Wohlverhalten und in sorgfältiger Achtung voreinander.

War das die Leugnung der Realität oder eine Vision, die eine gute Richtung anzeigt?

Raniero kannte natürlich die Wirklichkeit mit ihren Prozeduren der Liebeswelt am Hofe, aber er zeigte wenig Neigung dazu, eher Abscheu. Da geht es zu viel um Eroberung und Kampf, die Liebe ein Spiel mit festen Regeln, ähnlich dem Turnier. Männliche Werte stehen im Vordergrund und eine zweifelhafte Pädagogik, vor allem erfunden zur Kontrolle der Ritter, die dem Einfluss der Herrschenden verloren gegangen waren und nun durch Spiele von Aufstieg oder Stagnation gelockt wurden auf das Feld des Wettbewerbs zur Mäßigung eines aus dem Ruder gelaufenen Standes. Der junge Mann in Konkurrenz zu anderen im Gewinn einer Dame, die Dame mit der Funktion, den jungen Mann anzuregen und zu reizen, auf dass er das Dienen und Gehorchen und Unterwerfen lerne. Wenn er auch von seinen Standesgenossen ausgelacht und verhöhnt wurde, Raniero wollte sich am Spiel der Liebe auf diese Weise nicht beteiligen.

Ein anderes Spiel der Liebe, wie es noch für das gemeine Volk gültig war, lehnte er ebenso ab. Das von der Kirche verfügte Recht in der Ehe, das dem Mann die Forderung und der Frau die Erfüllung der Pflicht zuschrieb. Als Trost für die Frauen galt die perfide Aufteilung der Person in Seele und Körper, wobei die Frau dem Mann die Verfügung über den Körper zu gewähren hat, die Seele aber stets bei Gott geschützt sei.

Eure Zukunftsbilder sahen anders aus. Sie waren zärtlicher gemalt mit helleren Farben und weicheren Tönen. Es blieben Bilder, deren Verwirklichung nur kurze Zeit dauern durfte.

Doch es war noch nicht so weit. Zuvor musstest du noch dein Kind zur Welt bringen. Und dabei eine Freundin gewinnen, die für mehr als dreißig Jahre deine engste Vertraute wurde.

Regelmäßig besuchte Mariana die Burg in Valiano und versäumte dabei nie, nach Rita zu schauen. Meist traf sie sie in guter Stimmung an. Die Schwangerschaft verlief glücklich.

Manchmal jedoch war die werdende Mutter missgestimmt oder gar traurig. Da plagten sie bei aller Zuversicht doch Ängste vor der

Zukunft. Wie lange würde das Zusammensein mit Raniero auf diese Weise weitergehen können? Würde er sich auf Dauer den Regeln der großen Stadt und der Familie entziehen können? Wo würde sie bleiben, würde sie am Ende doch ausgestoßen? Und was sollte mit dem Kind geschehen? Ja, überhaupt das Kind, was sollte aus ihm werden als uneheliche Geburt zweier sich liebender, aber nie für das offizielle Zusammenleben bestimmter Menschen?

Die Heimlichkeiten zehrten an Ritas Nerven. Könnte sie womöglich doch die Ausnahme sein und in die Handelsfamilie aufgenommen werden? Ihrer Ärztin vertraute sie sich an, weil sie ihr aufmerksames und sorgfältiges Wesen schätzte. Das gemeinsame Nachdenken half ihr ebenso in ihrer Not wie die deutlichen Hinweise dieser Frau. Es waren weniger Ratschläge, eher Fragen, die Mariana stellte.

„Denkst du eigentlich auch darüber nach, was du für dich persönlich möchtest? Schließlich bist du eine eigenständige Persönlichkeit und dein Schicksal liegt nicht nur in der Hand der Familie del Pecora."

Solche Worte hatte Rita noch nie gehört. Eine eigenständige Persönlichkeit, deren Schicksal nicht in der Hand anderer liegt. Eigentlich hatte Mariana recht, dachte Rita. Immerhin war sie ihrem Vater und dem Leben, das dieser für sie vorbestimmt hatte, entflohen und damit ein großes Risiko eingegangen. Und sie war dabei nicht untergegangen.

„Richtig", sagte die Ärztin, „du kannst Entscheidungen treffen und Verantwortung für dein Leben tragen. Das ist unsere Würde, dass wir zur Wahl gerufen sind und verantwortlich für unsere Wahl. Leben und Tod, Segen und Fluch sind uns vorgelegt, damit wir das Leben wählen und am Leben bleiben, heißt es in der Schrift."

„So heißt es in der Schrift und so habe ich es bei Avicenna gelesen, entgegnete Rita. Sag, Mariana, du nimmst viele Worte aus dem Alten Testament. Aus dem Neuen habe ich dich nicht zitieren hören."

„Ich kenne kein Altes oder Neues Testament, ich kenne die Tora und die Propheten."

Rita schaute die Ärztin unsicher an.

„Hör' zu, Rita. Ich trage keinen Fleck auf der Kleidung, wie es seit 50 Jahren gefordert wird, denn ich möchte mich nicht zur Verfolgung und Bekehrung freigeben."

Die Ärztin sah, dass Rita angestrengt überlegte. „Wenn kein Fremder in unserer Nähe ist, kannst du mich auch bei dem Namen nennen, der mir bei meiner Geburt gegeben wurde – Mirjam."

Wenn Rita niedergeschlagen war und mit Mirjam gesprochen hatte, fühlte sie sich immer bekräftigt und ermutigt. „Du bist hier auf der Burg so etwas wie meine Seelenführerin", sagte sie ihr manchmal und Mirjam antwortete, sie sorge sich als Ärztin um die körperliche Gesundheit, sie sorge sich aber auch um die Seele der anvertrauten Menschen. Rita spürte es deutlich und war beeindruckt von der Zuverlässigkeit ihrer Freundin und davon, dass sie bei ihr das Gefühl haben konnte, absolut ernst genommen zu werden. Dabei hatte Mirjam die Gabe, Hoffnung zu vermitteln, indem sie positive Erwartungen bestärkte und negative Urteile über das eigene Leben hinterfragte. In der Nähe dieser Frau hatte sie das Gefühl, mit einem Leid nicht alleine zu sein, weil sie Erfahrungen miteinander teilen konnten. Wenn Rita sich nutzlos vorkam, ermutigte die Ärztin immer zum Tun des Guten. Dabei stelle sich die Vorstellung von Lebenssinn ein. Und tatsächlich erlebte Rita diesen Sinn, wenn sie Mirjam bei der Versorgung anderer Patienten unterstützen durfte.

War es nicht seit ihren Entdeckungen in der Bibliothek ihr großer Wunsch, kranke Menschen zu unterstützen? Mirjam nahm sie einfach mit zu den Kranken. Schließlich willst du doch etwas lernen für die Heilung der Kranken, sagte sie dann aufmunternd. Bei Mirjam stand das Tun an erster Stelle. Wenn Rita später in Cortona manchmal klagen sollte, dass sie zwar auf dem Marktplatz den Menschen predigen will, aber noch keine rechten Worte habe und sich auch der Heilige Geist gerade etwas unwillig zeige, dann hörte sie von der Freundin: was man nicht in Worte fassen kann, versuchen wir in Taten zu äußern. Und schon stand ihr wieder vor Augen, dass der Gründer ihres Ordens seine Leute oft aufgefordert hatte, zu predigen, wo immer sie sich aufhielten. „Wo es notwendig ist, könnt ihr auch Worte dazu verwenden", soll Franz von Assisi hinzugefügt haben.

Was Rita besonders berührte, war die Glaubwürdigkeit der Ärztin, die nur sagte, wovon sie selbst überzeugt war. Und wenn Raniero sie fragte, was ihr besonders an der Ärztin gefalle, dann erzählte sie ihm, dass es im Zusammensein mit ihr erlaubt war, Gefühle zu zeigen, die man sonst nicht zeigen durfte, ohne dafür abgelehnt zu werden, außer natürlich bei ihm und außer bei Freunden vielleicht.

All das tat Rita gut und sie freute sich bei jedem Abschied von Mirjam schon auf die nächste Begegnung.
Die ließ nicht lange auf sich warten. Kurz vor der Geburt, es muss an einem Freitag gewesen sein, wurde Rita von Blutungen in Ängste versetzt. Raniero und Francesco rieten, die Ärztin herbeizuholen, aber Rita zögerte. Es ist doch Sabbat, flüsterte sie ihrem Gefährten ins Ohr. Der ließ sich aber nicht abbringen und schickte nach Mirjam, die auch nach kurzer Zeit eintraf und ein Moschusölzäpfchen verabreichte, das sofort Linderung bewirkte.

Erleichtert dankte Rita und entschuldigte sich für die Störung der Sabbatruhe. „Sagt nicht euer Herr und unser Bruder, der Sabbat sei für den Menschen gemacht und nicht der Mensch für den Sabbat?“, meinte Mirjam nur. „Wenn es um das Leben geht, muss alles andere zurückstehen.“ Der Sabbat, so die Ärztin weiter, habe nämlich neben dem Ruhegebot auch eine soziale Funktion. Während im 2. Buch Mose die Begründung für die Ruhe darin bestehe, dass auch Gott nach seinen Schöpfungswerken geruht habe, werde im 5. Buch Mose angegeben, dass der Grund in der Befreiung aus der Knechtschaft in Ägypten liege. Dies alles erzählte sie, während sie ihre Instrumente, Fläschchen und Kräuter in der großen Tasche verstaute.

Wenige Tage später sahen sie sich wieder. Rita sollte gebären, und sie brachte einen Jungen zur Welt. Die Eltern sahen ihn an und stellten überrascht fest, dass sie noch keinen Namen gewählt hatten. Fast mussten sie lachen über dieses Versäumnis. Nach einigem Nachdenken überließ Raniero doch seiner Geliebten die Wahl. Und sie nannte den Jungen Jacopo.

Mit dem Jungen an der Hand steht sie wenige Jahre später vor ihrem Vater und bittet um Aufnahme. Der Weinbauer ist gerührt, aber seine zweite Frau reagiert abweisend und setzt sich durch. Nach dem hinterhältigen Mord an Raniero konnte die Bedienstete mit ihrem Kind nicht im Palast bleiben und auch nicht auf der Burg. Die del Pecoras hatten andere Sorgen und auch der gute Francesco konnte für seine ehemalige Schülerin nichts tun. Mirjam hätte helfen können, aber sie war nicht da. Für ein paar Monate war sie in den Süden gereist, um neue medizinische Entwicklungen zu studieren. So blieb nur der Weg nach Laviano, aber er war vergebens. Die Tür zum Elternhaus wurde verschlossen für Mutter und Kind.

In der Überlieferung ist zu lesen, dass Rita verzweifelt und ratlos unter einem Feigenbaum Zuflucht suchte und über eine Lösung nachdachte. Hier bekommt die Erzählung wieder Züge, die die Heiligengeschichte vorbereiten, denn Verknüpfungen mit biblischen Gestalten tauchen auf. Diesmal sind es Anklänge an Hagar, die Magd Saras, von der im 1. Buch Mose berichtet wird.[29] Und diese Identifikation ist zwingend, denn Rita selbst hat aus der Parallele Halt und Orientierung gewonnen, ja, es scheint gar, als habe sie diese Geschichte zur Grundlage all dessen gemacht, was sie später seelsorglich mit den Menschen wirken sollte.

Deshalb ist hier an die Erzählung aus dem 1. Buch Mose zu erinnern: Wie Hagar ist Rita offiziell eine Magd. Wie Hagar hat sie ein Kind von einem Mann, dessen Frau sie nicht sein kann. Wie die Ägypterin wird sie ausgestoßen und findet sich schließlich verzweifelt unter einem Strauch.

Hagar ist in erhebliche Not geraten, wofür verschiedene Einflüsse verantwortlich sind. Ihre Beziehungen sind schwierig, sowohl zu ihrer Herrin als auch zu deren Ehemann, mit dem sie auf Geheiß von Sara ein Kind gezeugt hat, damit ein Nachkomme zur Erhaltung der Sippe das Licht der Welt erblickt. Dass sie sich über ihre Herrin erhebt, weil diese nicht schwanger werden kann, macht die Lage nicht besser und ist sicher der Anteil Hagars an der Misere.

Zunächst wählt Hagar die Flucht, um dem Zorn Saras zu entgehen. Nach Rückkehr unter die Gewalt ihrer Herrin auf Zuspruch eines Gottesboten hin, entstehen neue Konflikte mit der Geburt Isaaks, sodass Hagar verstoßen wird. Aber Gott lässt Hagar nicht fallen. Gilt seine Zuwendung zuallererst den Ausgegrenzten?

Nun sitzt Hagar verzweifelt in der Wüste, hat ihren Sohn Ismael in den Schatten eines Strauches gelegt und klagt Gott ihre Not. Wiederum wird sie von einem Wesen, einer Botin Gottes, angesprochen. Sie ist nicht allein gelassen, sie wird wahrgenommen, gesehen im Elend. Der Engel spricht ihr Trost und Ermutigung zu: „Fürchte dich nicht!" Er stellt ihr aber auch eine Aufgabe: „Steh auf!" – und erinnert damit Hagar sowohl an verbliebene Kräfte als auch an ihre Verantwortung, die Hagar trägt. Und dabei geht es um eine Verantwortung, die die einzelne Person wahrnehmen kann. Es wird nicht die Erfüllung übersteigerter Idealvorstellungen gefordert. Zugleich zeigt der Engel auch großes Zutrauen.

Und als Gott selbst auf den Plan tritt, heißt es, dass er ihr die Augen auftat, so dass Hagar die Perspektive wechseln konnte. Eine neue Wahrnehmung wurde angestoßen und ein neuer Anfang möglich trotz allem, was gewesen war. Hagar sieht einen Brunnen. Wasser steht zur Verfügung. Versorgung wird möglich. Anders als zuvor wird Hagar nicht in Saras Haus zurückgeschickt. Sie wird unterstützt, ihren Weg zu finden für ein Leben in Freiheit.

Ich möchte mir vorstellen, dass Rita mit ihrem siebenjährigen Sohn es ähnlich empfunden hat. Die Spuren ihres weiteren Lebens unterstützen meinen Wunsch. Sie wird bald ihren Weg als Begine fortsetzen und zu den selbstermächtigten Frauen zählen.

Beginen sind ursprünglich Frauen, die im zwölften Jahrhundert selbstbestimmt ein religiös geprägtes Leben außerhalb eines Klosters gewählt haben. Beeinflusst war die Beginenbewegung sicher durch die zahlreichen Gruppierungen, die im Hochmittelalter eine Reform der Kirche anstrebten. Der Reichtum des Klerus, der Verkauf kirchlicher Ämter, die Vermischung von kirchlichen und staatlichen Funktionen, die Herrschsucht, die Predigt von Keuschheit für andere und sexuelle Ausschweifungen im eigenen Leben, die Segnung der Waffen für Ritterspiele und Kreuzzüge – all das hat die christliche Kirche unglaubwürdig gemacht und ihren Anspruch, orientierende Kraft der Gesellschaft zu sein, absurd werden lassen. Wegen ihrer Fress-

und Sauflust und der Missachtung des Zölibats wurden die Geistlichen oft Gegenstand von beißendem Spott in Gassenliedern und Kneipengesängen.

Die Waldenser predigten das einfache Leben im Zusammenklang von Wort und Tat und setzten sich für die Beteiligung von Laien im diakonischen und verkündigenden Dienst ein. Die Gleichstellung der Frauen gehörte für sie zum Grundbestand ihrer Überzeugungen.

Vom Waldensertum beeinflusst und als Ketzer verfolgt, lebten die Humiliaten für das Armutsideal und die Armenpflege. Im Sinne der zu ihrem Leben gehörenden Bußleistungen arbeiteten sie häufig in Tuchmanufakturen und engagierten sich dabei für die Verbesserung der Arbeitsbedingungen und gegen die Verelendung der oberitalienischen Lohnarbeiter.

Bei der strengen Bewegung der Katharer war Keuschheit oberstes Gebot und Gewaltanwendung sowie Kriegsdienst verboten. Auch sie wurden als abtrünnige Ketzer vertrieben, wie viele andere Bewegungen, deren gemeinsamer Nenner der Versuch war, nach den Vorgaben des Evangeliums zu leben, nicht selten mit dem bekannten Effekt, dass die schnell fundamentalistische Unterströmung dazu führt, dass auch die Reform bald ihre Kinder frisst.

Um die Einordnung der Beginen diskutiert die Wissenschaft seit Langem. Hat der Frauenüberschuss in der Gesellschaft als Folge der Kreuzzüge dazu geführt, dass vielfach Frauen unversorgt blieben und deshalb die Beginengruppen als Überlebensmodell anzusehen sind? Waren die Frauenklöster schlicht überfüllt, weil zu viele Frauen ein explizit religiöses Leben in Armut und Keuschheit führen wollten? Oder ist es nicht vielmehr so, dass man die Beginen tatsächlich als eigene Lebensform verstehen muss, die komplett eigenständige Strukturen entwickelt hat, um die persönliche Vorstellung einer religiösen Existenz zu verwirklichen?

Die Tatsache, dass die Beginen bis heute keineswegs eine einheitliche Bewegung darstellen, sondern vielfältige Formen aufweisen, spricht für die letzte Sichtweise. Ich bin geneigt, so weit zu gehen, die Beginen als eine Widerstandsbewegung gegen die vorherrschenden Institutionen mit ihren Ordnungen und vorgegebenen Rollenzuweisungen zu verstehen. Ermutigt bin ich dazu allein durch die Tatsache, dass man schon den Namen der Bewegung nicht wirklich fassen kann. *Beginen* – was soll das bedeuten, woher kommt die Bezeichnung?

Manche sagen, das Wort „benigna“ für „gut“ oder „barmherzig“ stünde dahinter. Andere führen den Begriff auf die Albigenser zurück, eine andere Bezeichnung für die Katharer, weil sie einen wichtigen Standort in dem südfranzösischen Ort Albi hatten. Oder geht die Namensgebung schlicht auf ihre Kleidung, einen beigefarbenen Umhang zurück? Gleichwie – schon bei der Bezeichnung sind die Beginen nicht in eine Schublade einzuordnen. Und so ist ihr durchgehender Drang zur autonomen Lebensweise belegt. Gut, manche Beginengruppen konnten sich der Unterordnung unter eine kirchliche Aufsicht nicht entziehen, lebten in Gruppen, denen ein Beichtvater der nahen Gemeinde oder des Klosters zugeteilt war. Aber viele andere lebten in den Beginenhöfen oder -häusern wie in einem Orden zusammen; allerdings mit vergleichsweise wenigen Regeln – einfache Kleidung, Dienst am Bedürftigen, keine Unzucht, kein Männerbesuch nach 18 Uhr, kein Glücksspiel zum Beispiel. Andere, wie zunächst auch Margareta, schlossen sich den Drittorden bestehender Ordensgemeinschaften an, eigens gegründet für Personen, die den Anforderungen einer vollgültigen Aufnahme in den Orden nicht genügten. Bei den Angehörigen dieser Drittorden, den sogenannten Terziaren, galten keine strengen Ordensregeln, sehr wohl aber die Verpflichtung zum regelmäßigen Gebet, zu Keuschheit und Fasten und zu Werken der Nächstenliebe.

Zuletzt hat Margareta wohl teilweise als Einsiedlerin gelebt, was den Ausstieg aus der Terziaren-Gemeinschaft und den Rückzug in eine Klause bedeutet. Auch diese Lebensform haben manche Beginen gewählt. Zuletzt dürfen die Wander-Beginen nicht vergessen werden, Frauen, die unterwegs auf sich gestellt und an verschiedenen Orten im Sinn des Evangeliums gewirkt haben. Sie wollten weniger „Bräute Christi“ sein als vielmehr „Haushälterinnen Gottes“.[30] Und wenn die

Beginen (übrigens: auch Männer gab es, die die geschilderte Lebensform gewählt haben, die sogenannten Begarden) schon grundsätzlich den Argwohn der Kirche auf sich zogen, so die Wander-Beginen allzumal. Sie sind schlicht nicht zu kontrollieren. Und sie durchbrechen die Ordnung des Hauses, die in jener Zeit von großer Bedeutung war. Diese Ordnung des Hauses, nach der der Majordomus die Regeln vorgibt, die Aufgaben festlegt und die Strafprozeduren zuteilt, ist Abbild der Ordnung in der Gesellschaft.

Sobald es Häuser gab, konnte man an ihrer Gestaltung und Aufteilung die menschlichen Beziehungen und Verhältnisse ablesen. Wie man übrigens schon in Nomadenzelten die Trennung der Räume in männlich und weiblich sehen konnte, so erst recht im Haus. Bei Maurice Aymard kann man nachlesen, dass die Hauptstütze des Hauses, bestehend aus einem Baumstamm mit Gabel – erdnah und mit Fundament im Boden –, weiblich ist und die Ehefrau symbolisiert, während der Hauptträger des Hauses männlich ist und mit dem Beschützer und Verteidiger der Familie gleichgesetzt wird. Wenn die zentrale Rolle auch vom Mann gespielt wird, muss er doch anerkennen, dass durch ihre Fruchtbarkeit auch der Frau eine gewisse Bedeutung zukommt, was übrigens im 13. Jahrhundert die Stellung der Frau geringfügig verbesserte.

Das Haus ist Synonym für die Familie. Solange man Kind ist, lebt man im Haus des Vaters. Geht man die Ehe ein, muss dies so arrangiert sein, dass sich der Besitz der Familie eher mehrt als verringert, und man geht in die Muntgewalt – heute würde man sagen: die Vormundschaft – des Gatten über. Genau diesem herrschenden Prinzip entziehen sich die Beginen. Ihre Selbstermächtigung richtet sich gegen Rollenfestschreibung, in Stein gemeißelte Regeln und unhinterfragte Verhaltensweisen. Beginen verlassen das Haus und begeben sich in den öffentlichen Raum, der eigentlich dem Mann vorbehalten ist. Sie lehnen die religiös begründete Unterordnung der Frau ab. Sie weisen zurück, wenn ihnen mit Paulus gepredigt wird: Eine Frau lerne mit aller Stille in der Unterordnung. Einer Frau gestatte ich nicht, dass sie lehre, auch nicht, dass sie über den Mann Herr sei. Denn Adam wurde zuerst gemacht.[31] Dass die Frau schöpfungshierarchisch und sexualmoralisch minderwertig sei, glaubten die Beginen nicht. Sie durchschauten, worum es in dieser ganzen Konstruktion im Grunde geht, nämlich um Kontrolle. Sexualität als Kontrollinstrument, die Beichte als Prozedur der Kontrolle, das Lehr- und Predigtverbot als Kontrolle über die Gedanken.

Von der Lehre ausgeschlossen, wandten sich viele Frauen den mystischen Bewegungen zu, die die Erkenntnis Gottes aus Erfahrung gegen Dogma und Priesterlehre proklamierten. Hier steht das eigenständige Gotteswissen durch eine direkte Offenbarung im innigen Gebet gegen die Unterweisung durch die Institution. Mystikerinnen, die antiautoritär auftraten und einluden zu einem neuen Bewusstseinszustand durch die unmittelbare Begegnung mit der göttlichen Wirklichkeit, landeten wie Marguerite Porete nicht selten auf einem Scheiterhaufen, nachdem sie auch unter Folter ihrer Lehre nicht abschworen. Apropos „Lehre“: sie haben es sich tatsächlich herausgenommen zu lehren, ja sogar Bücher zu schreiben. Im Seelenspiegel der Porete finden sich Theorien, auf die sich 300 Jahre später die Reformation beziehen lässt.

Man suchte auch hier bei den Mystikerinnen die Distanz zu der als normal geltenden Welt, die auf Macht, Besitz und Gewalt gründet und wirkte zugleich gerade nicht weltabgeschieden, ergab sich doch durch die Lebensweise im Verzicht und im radikalen Bezug auf den göttlichen Willen automatisch politischer Einfluss. Schlicht kommen die lebensgestaltenden Empfehlungen daher: Besitz macht abhängig und zerstört die Geschwisterlichkeit, wie auch Franziskus meinte, und wer mit weniger auskommt, gewinnt mehr Zeit und Kraft für anderes.

Zur Ursprungserfahrung gehört durchgängig die Ekstase als Ausdruck äußerster Freiheit von bestimmenden Lebensdeterminanten. Deshalb werden ekstatische Erlebnisse auch bei Margareta nicht ausgelassen. Die ursprüngliche Freiheitserfahrung führt letztlich zur Selbstermächtigung, zum selbstbewussten Abstand von Hierarchien und neuen Formen des Zusammenlebens in selbstverwalteten Gemeinschaften. Der Rückzug ins Kontemplative innerhalb der Gemeinschaft, wo Standesgrenzen überwunden waren, stand dem Hinausgehen zur Tat im Sinne der „Heiligen“ Schrift scheinbar entgegen, war jedoch zugleich mit ihm verbunden, was sich vielleicht mit der Schwingung eines Pendels vergleichen lässt.

So haben es die Beginen gehalten. Sie haben gearbeitet in der Krankenpflege und der Haushaltshilfe. Sie haben Sterbende begleitet und den Totendienst versehen. Unterrichtet haben sie und gepredigt. Waschen und Bierbrauen gehörten zu möglichen Tätigkeiten der Beginen und in Textilhandel und Tuchweberei haben sie gewirkt.

So praktisch sie einerseits waren, die Beginen, weil sie doch auch Versorgungslücken im gesellschaftlichen Leben geschlossen haben, so angefeindet waren sie auch. Sie lebten äußerst gefährlich, was allein die ausgestellten Schutzbriefe zeigen. Da gibt es einen Schutzauftrag vom November 1235, der Beginen der Fürsorgepflicht empfiehlt, weil sie auch oft „von Geistlichen und Laien zur Unzucht angehalten und vielfach belästigt“ werden. Ja, auch von Geistlichen wurden sie belästigt, zur Prostitution gezwungen oder dem eigenen Willen gefügig gemacht. Eine heuchlerische Seite zeigt der Beschluss der Mainzer Synode von 1233, der „das unkontrollierbare Leben der Wander-Beginen“ verbietet.

Beginen mussten mit übler Nachrede, mit dem Vorwurf der Gotteslästerung, mit der Unterstellung der Sektiererei, der Enteignung und körperlichen Übergriffen leben. Und wo die Anfeindung nicht von den Vertretern der Kirche kam, da wuchs sie in Kreisen der Handwerker, die in den Beginen eine Konkurrenz sahen und alles daransetzten, die politischen Entscheidungsträger gegen die Beginen aufzuwiegeln und die Zünfte gegen sie in Stellung zu bringen.

Dass es Beginen-Bewegungen bis zum heutigen Tag in unterschiedlichsten Gemeinschaften und sozialen Projekten gibt, zeigt, dass bestimmte Machtdispositive gegen Überzeugung und Beharrlichkeit wenig auszurichten vermögen und Selbstermächtigung seine Wirkung nicht verfehlt.

Viertes Bild – Die Heilige Cortonas

Schräg gegenüber dem Haupteingang des Domes von Cortona steht sie auf einem Sockel. Die Heilige trägt das Kleid der Drittordensleute und den Umhang der Begine. Der Strick ist um die Hüfte gebunden. An der Seite hängt der Rosenkranz, der ihr in Kindertagen von der Mutter zugedacht war und den sie über die Jahre mal mehr, mal weniger vernachlässigt hat. Auffällig der linke Fuß, der über den Sockel hinausreicht, als wäre sie im Begriff zu gehen, als wollte sie hinuntersteigen. Aber das kann nicht sein. Der Eindruck täuscht, denn ihr Blick ist verklärt himmelwärts gerichtet. Die linke Hand liegt auf dem Herzen. Himmel und Herz gehören zusammen und bilden eine Einheit in diesem Fall. Mit der Erde hat diese Margareta wenig zu tun. Einzig die rechte Hand neigt sich geöffnet herab, sodass die Gnadengaben aus ihr herausfließen und sich über das darunter befindliche Volk ergießen können.

Die Heilige teilt sich den Sockel mit dem Hündchen Ranieros. Wie er auf kaum einer Darstellung fehlt, war der Hund wohl der treue Begleiter seit diesem fürchterlichen Tag im Jahr 1272. Doch auch ihm zeigt sie sich hier seltsam fremd. Das Tier blickt zu ihr hinauf, aber da ist keine Beziehung. Der Bildhauer hat die Figur entrückt in eine Wunderwelt, wo sie der Anbetung würdig keineswegs mehr mit einem Hündchen spielt. Ja, an die Wundertaten erinnert das Werk eher als an vergnügliches Spiel. Mit tiefem Ernst kommt dem Betrachter der Statue in den Sinn, wie sie einen Jungen im acht Stunden entfernten Borgo San Sepolcro durch ihr Gebet geheilt haben soll. Der Satan hatte ihn so grausam angefallen, dass selbst drei starke Männer nicht leisten konnten, was Margareta durch die Kraft des Gebetes und in Überbietung Jesu vermochte.

Ehrfürchtig erinnert man im Angesicht der Steinfigur, dass die dargestellte Person täglich 400 Vaterunser für sich selbst gesprochen haben soll. Dazu 100 zusätzliche Paternoster für den franziskanischen Orden und 100 weitere für die armen Seelen und für den Frieden nah und fern. Die konnten kaum alle erfüllt werden, aber es ist ja auch Erhörung versprochen, nicht immer Erfüllung.

Die Statue drückt die innige Zwiesprache mit Christus aus und fasst sämtliche biblische Anklänge dieser Lebensgeschichte zusammen. Die dem Apostel Paulus nachempfundene Bekehrung ebenso wie die Konfrontation mit dem Teufel, wie sie auch Jesus in der Wüste erlebte. Rita richtete in Krisenzeit ihre Bitte für Cortona an Gott, wie Abraham für Sodom bat. Sie zeigte die gleiche Sehnsucht nach Jesus, wie Maria von Magdala im Garten nach Jesu Kreuzestod. Menschen sind nach Cortona gepilgert im Glauben, eine Berührung durch Margareta könne sie heilen, wie auch von Jesus solch heilende Wirkung ausging. All dies auf den Punkt gebracht auf dem Steinsockel. Fast könnte sie blutige Tränen weinen, wie sie es unter oft vollzogener Selbstgeißelung getan haben soll. Aber vielleicht hat sie gar keine Blutstränen geweint. Vielleicht haben sich die Tränen des Schmerzes nur mit dem durch die Selbstverletzung hervorgerufenen Blut vermischt. Rita, ich kann dich auf diesem Sockel nicht mehr erreichen.

Ich muss von der Statue ein paar Schritte zurücktreten und dabei an deine Schritte in Cortona denken. Deine Ankunft in dieser Stadt sah ganz anders aus. Wer hätte dich da auf einen Sockel gestellt? Warum überhaupt Cortona? Durch die Gespräche auf der Burg wusstest du, dass in dieser Stadt Franziskaner und Klarissen[32] leben. Hatte Giovanni nicht auch von Laien gesprochen, die dort im Dritten Orden aufgenommen wurden? Und außerdem liegt Cortona auf der Grenze zwischen Umbrien und der Toskana, wo unweit auch die Jagdhütte steht.

Ich habe das Tor in der Stadtmauer vor Augen, durch das du hineingeschritten bist. Nein, du bist nicht geschritten. Du hast dich geschleppt, völlig erschöpft nach dem langen Fußmarsch. 25 Kilometer von Laviano nach Cortona. Die meiste Zeit musstest du Jacopo tragen, der ängstlich quengelte und beruhigt werden musste. Dabei warst du selbst in großer Unruhe. Wie soll man da beruhigen? Mit letzter Kraft hast du dich am Torpfosten gehalten. Die Beine hast du kaum mehr gespürt und schwarz war dir vor Augen, bis du gesehen wurdest von Marinaria und Raniera, diesen beiden Frauen, die dich mit in ihr Haus genommen haben. Ungewöhnlich, wie die beiden da miteinander leben. Geschwister sind sie nicht. Keine Ehemänner weit und breit. Sie nehmen die Fremden in ihre Hausgemeinschaft auf, als folgten sie selbstverständlich dem Hinweis aus dem Hebräerbrief, der zur Gastfreiheit mahnt, weil man damit vielleicht ohne Wissen Engel beherbergt.[33] Engelgleich wirkte Rita nun nicht gerade. Erst einmal hatten die beiden Frauen einige Mühe, die geschwächte Genossin samt ihrem Sohn wieder auf die Beine zu bekommen.

Die erste Hürde in der fremden Stadt war mit Hilfe dieser wunderbaren Frauen geschafft. Aber wie sollte es nun weitergehen? Du kannst so lange bei uns wohnen, wie du willst, hatte Raniera gesagt. Es ist ja auch nicht so leicht für dich, meinte Marinaria voll Mitleid, als sie den beiden erzählte, was ihr in den zurückliegenden Jahren widerfahren war. Und doch musste sie für ihren Unterhalt sorgen. Die Situation im Haus wirkte nicht so, als stünde im Keller ein Esel, der Goldflorine scheißt.

Abends, wenn sie Jacopo in den Schlaf gesungen hatte, dachte sie über Möglichkeiten nach, wie sie ihren Beitrag zur Haushaltskasse leisten könnte. Sie hatte Erfahrung im Weinbau und von ihrer Mutter hatte sie die Hauswirtschaft gelernt. Als sie ihren Gastgeberinnen von ihrem Plan erzählte, zögerten Raniera und Marinaria keinen Augenblick, mit Diabella zu sprechen, einer wohlhabenden Freundin, Ehefrau eines Kaufmanns, der viel Geld und wenig Anstand besaß. So kam Rita für ein paar Stunden täglich ins Haus Diabellas, wo sie die Wäsche besorgte, den Hausputz übernahm, für den Einkauf zuständig war und wenn Zeit blieb, auch einige Näharbeiten erledigte.

Mit Diabella verstand sie sich auf Anhieb. Lästig wurde ihr aber bald der Hausherr, der sie mit kleineren Münzen dazu bringen wollte, Extra-Dienste in seinem Schlafgemach zu leisten. Durch Vermittlung Giovannis an einen Weinbauern, der den Franziskanern verbunden war, ergab sich noch eine zusätzliche Beschäftigung als Erntehelferin, sodass Rita mit ihrem Sohn auskömmlich leben konnte. Nach einiger

Zeit besann sie sich auf den Unterricht durch Francesco. Ob sie wohl auch unterrichten konnte? Warum sollte sie nicht Kindern in den Häusern der Kaufleute und Handwerker das Lesen und Schreiben beibringen? Mithilfe Diabellas, die sie in zwei betuchte Familien einführte, gelang auch dieser Plan.

Das Leben schien wieder in besseren Bahnen zu laufen, aber Lebensfreude wollte sich nicht einstellen. Zu sehr schmerzte noch die Trauer über den Verlust des Geliebten. Seit dem schrecklichen Fund im Wald war Rita ungewöhnlich schreckhaft, reizbar auch – und die Appetitlosigkeit kostete sie einiges an Körpergewicht. Manchmal stand ihr plötzlich unvermittelt das Bild des entstellten Leichnams vor Augen. Besonders im Schlaf hatte sie Nöte. Schlechte Träume ließen sie aufschrecken und nicht mehr zur Ruhe kommen. Daneben trübte es ihr Befinden, wenn sie auf ihren Gängen durch die Straßen und Gassen die vielen Kranken und Versehrten sah, die ohne Aussicht auf Beschäftigung und Unterstützung ihre Hände hinhielten und auf eine Münze hofften.

„Kann man den Kranken nicht helfen?“, klagte sie im Gespräch mit den beiden Freundinnen, in deren Haus sie nun schon den zweiten Sommer erlebte.

„Wir tun, was wir können“, sagten die beiden. Du weißt, dass wir in manchen Häusern die Kranken versorgen – und auch jenen auf der Straße versuchen wir zu helfen mit den Mitteln, die eine Ärztin aus Montepulciano uns gelehrt hat.“

„Eine Ärztin aus Montepulciano?“, gab Rita ungläubig zurück. Sollten die beiden ihre Freundin Mirjam kennen, die sie so lange nicht gesehen hatte? Aus den Monaten, die sie im Süden studieren wollte, waren bereits mehrere Jahre geworden. Aber von Giovanni hatte sie die Nachricht bekommen, dass die Ärztin ganz bald wieder zurückerwartet werde.

„Mariana heißt sie, hörte Rita eine der Freundinnen sagen. Vielleicht hast du schon von ihr gehört. Oder sie etwa schon getroffen?“

„Sie ist eine gute Freundin“, erwiderte Rita versonnen, „und sie hat mir geholfen, Jacopo zur Welt zu bringen, damals auf der Burg in Valiano.“

Es wurde eine lange Nacht, so viel gab es nun zu erzählen. Und Rita wurde, je länger die Nacht dauerte, immer klarer, dass sie im Haus zweier Beginen untergekommen war.

Tatsächlich kam Mirjam sehr bald zurück und mit ihrer Rückkehr lebte auch der Kreis der Freunde wieder auf, zu denen nun auch Marinaria und Raniera gezählt wurden. Hin und wieder gesellte sich auch Franca dazu, wenn sie gerade in der Gegend war und nichts zu essen hatte. Eine Predigt Giovannis, mit dem sie wohl auch eine kurze Affäre hatte, stellte ihr Leben auf den Kopf, sodass sie fortan als Begine umherzog, predigte, wie der Geist es eingab, und ihr Dasein durch Almosen sicherte. Sie suchte nicht die feste Gemeinschaft. Sie suchte die absolute Freiheit des Geistes. Und sie tauchte in Cortona auf, wenn sie sich verstecken musste, weil Männer, deren Zudringlichkeit sie sich verweigert hatte, ihr eine Klage anhängten. Falsche Zeugen gab es genug.

„Jetzt, da du wieder in der Nähe bist, musst du dich vorsehen, Mirjam", sagte Cara besorgt. „Ubertin, der Bischof von Cortona, hat es seit einiger Zeit wieder auf die Juden abgesehen und stellt ihnen nach.

„Worauf müssen wir uns gefasst machen?", fragte Mirjam beunruhigt.

„Nun, er dringt mit Macht auf die Bekehrung und die Taufe", gab Rita zur Antwort, und Giovanni ergänzte die Hintergründe.

„Unser Bischof wechselt die Seiten wie andere ihre Untergewänder. Mal die Staufer, mal die Welfen. Gerade steht er bei den Welfen und muss daher Ergebnisse nach Rom liefern. Dabei schreckt er vor nichts zurück, dieser brutale Geselle, der mehr Sinn zum Führen des Krieges besitzt als zur Verwaltung seines Amtes hier in Cortona."

„Zuletzt hat er einen jüdischen Handwerker dem Mob zum Fraß vorgeworfen mit der Behauptung, dieser verkaufe Material von minderem Wert zu hohem Preis", warf Cara aufgeregt ein.

„Und als der Jakob dann vom Turm gestürzt war, was man später einen Unfall nannte, wurden seine Frau und die drei Kinder aus ihrem Haus und aus der Stadt getrieben", setzte Rita den traurigen

Bericht fort. „Sie sind bei einer Familie in Piazzano, aber die ist arm und kann nicht vier zusätzliche Mäuler stopfen. Deswegen geht regelmäßig einer von uns und bringt Essen und ein paar Münzen."

Es war Zeit für das Abendessen geworden und Marinaria hatte Brot und Käse und Gemüse für alle aufgetragen, dazu Wasser und Wein.

Mirjam sprach in die Stille: „Aller Augen schauen nach dir hin, Ewiger. Und du gibst ihnen Speise in der Zeit. Du tust deine Hand auf und sättigst alles, was lebt, mit Wohltun."[34]

„Gott gibt Speise in der Zeit", sagte Rita, „aber es ist so viel Hunger und Not."

„Die Worte des Gebets richten sich nicht nur an Gott", gab Mirjam zurück. „Sie richten sich zugleich auch an den, der sie spricht. Was wir im Gebet erbitten, ist zugleich Auftrag an uns. Gott nährt die Welt, und es ist an uns, dafür zu sorgen, dass das wahr wird. Gottes Hilfe ist uns zugesagt. Baruch Schem!"[35]

Am Osterfest des Jahres 1277 war es endlich so weit, dass Rita durch Vorsteher Rainald, dem vortreffliche Eigenschaften attestiert werden, in den Dritten Orden der Franziskaner aufgenommen wurde. Das Fest der Auferstehung neuen Lebens schien ein passender Termin, sollte Rita sich durch die Aufnahme doch wie neu geboren fühlen. Mein Gott, wie oft war sie schon neu geboren worden in ihren dreißig Lebensjahren? Der Vorsteher legte ihr ein Leben in Armut und Keuschheit ans Herz, wie es das übersichtliche Regelwerk der Terziaren verlangte. Die Feierlichkeit erlebte Rita wie in Trance. Einerseits glücklich, hatte sich doch ihr größter Wunsch erfüllt, mit der Aufnahme nun einer Gemeinschaft anzugehören, die der Fürsorge von Hilfsbedürftigen und der Bildung gewidmet war.

Andererseits bedeutete dieser Schritt die Trennung von Jacopo, den sie zu den Franziskanern nach Arezzo geben musste. Schon bald wurde sie von heftigen Schuldgefühlen gequält. Wenn sie hörte, dass ihr Sohn in guten Händen sei und gewiss in gottgefälliger Umgebung aufwachse, fand sie darin wenig Trost. Tage und Wochen gefährlicher Schwermut stellten sich ein. Sie wohnte nicht mehr im Haus der beiden Freundinnen. Ein wenig Rückzug vom allgemeinen Trubel hatte sie sich gewünscht und geglaubt, dass das Leben in einer schlichten Kammer dem Dasein einer Ordensfrau angemessen wäre.

So überließ Raniera ihr ein winziges Häuschen, über das sie noch verfügte. Es lag am Rande der Stadt und hatte nur ein einziges Räumchen. Manche Tage verbrachte Rita in der dunklen Behausung, sprach kein Wort, aß keinen Bissen, ließ kaum einen Menschen in ihre Nähe. Dann wieder fügte sie sich mit den Scherben eines Kruges Wunden zu. Mal verabreichte Mirjam ein Mittel, das die Geister belebte, mal brauchte es etwas zur Beruhigung aufwallender Gefühle.

Fast gerieten sie in Streit, als Mirjam zwei Handwerker beauftragte, die Fensteröffnung zu vergrößern, damit mehr Licht in den Raum fallen konnte. „Es wird viel zu heiß hier drin", klagte Rita unaufhörlich. „Als Ärztin müsstest du wissen, dass allzu große Hitze schadet. Lass lieber eine zweite Tür in die Mauer schlagen, eine Totentür, wie es hier in Cortona üblich. Dort könnt ihr mich dann bald hinaustragen."

„Wenn du dich so sehr peinigst in deiner Schuld und sicher bist, bis ans Lebensende büßen zu müssen, dann muss ich dir ins Gewissen sprechen, liebe Rita. Was will Gott mit einer lebenslangen Büßerin anfangen, die zu nichts anderem in der Lage wäre, als in der dunklen Kammer zu leiden? Wenn du schuldig geworden bist an Gott und den Menschen, kehre um und tu Gutes. Gott hat schließlich kein Gefallen am Tod des Frevlers, sagt der Prophet, sondern dass er umkehre und lebe."[36]

Mit einer wegwerfenden Handbewegung zog Rita sich wieder in sich zurück.

Mirjam blieb geduldig bei ihrer Freundin und statt der Porte del Morto ließ sie Läden an die Öffnung montieren.

In der Legende wird die Lebensphase umgedeutet und mit religiöser Tauglichkeit versehen. Margareta habe Bußleistungen zur Ehre Gottes und zur Tilgung ihres sündhaften Wandels der früheren Jahre vollbracht. Die Appetitlosigkeit wurde zum strengen Fasten, durch das sie den Leib gepeinigt habe. Die krankhaften Selbstverletzungen wurden zu Übungen der Demut, mit denen sie die frühere Eitelkeit büßen wollte, sich entstellte, damit ja kein Mann mehr eine Notiz von ihr nähme.

Und wenn es doch ganz anders zu deuten wäre? Hat sie nicht Staub und Ruß in ihr Gesicht geschmiert und sich dergestalt in der Öffentlichkeit gezeigt, als es ihr schon wieder besser ging? Sicher, diese Mischung aus kraftvollem Aufbegehren gegen Missstände und depressivem Leiden an genau diesen Verhältnissen von Ungerechtigkeit und Gewalt gehörten zu ihr, brauchten einander vielleicht auch, um wirksam zu werden.

Auf alle Fälle ließen Skandale nicht lange auf sich warten. Kaum war Rita wieder auf den Beinen, machte sie sich an einem Sonntag auf nach Laviano. Es war das Fest des Heiligen Johannes, der 24. Juni, an dem der Geburt des Täufers gedacht wird. Zuvor hatte sie sich die Haare geschoren und einen Lappen um den Kopf gebunden. Mit einem Strick um den Hals gewickelt betrat sie die kleine Dorfkirche und stellte sich herausfordernd stumm vor die versammelte Gemeinde, wobei der Stiefmutter, die ihren Stammplatz in der dritten Reihe auf der vom Altar aus betrachtet linken Seite eingenommen hatte, beinahe das Herz stehenblieb, als sie die Frau in diesem Aufzug gewärtigte und schließlich ihre vermaledeite Stieftochter erkannte. Mit dem Strick gebunden begab sie sich auch zum Empfang der Kommunion, was zum Rauswurf aus ihrer Taufkirche führte.

Ein anderes Mal machte sie tatsächlich mit Ofenruß und Straßenstaub ihr Gesicht unkenntlich und gab unverständliche Laute von sich, dass die Leute im Vorübergehen erschraken.

Bußübungen? Meinetwegen. Ich bin vielmehr erinnert an performative Akte, wie sie etwa die guatemaltekische Künstlerin Regina José Galindo in unseren Tagen zeigt. Sie fordert mit ihren Kunstaktionen die Öffentlichkeit dazu auf, sich den Zeichen extremer körperlicher Gewalt auszusetzen, nicht durch Wegschauen zu beruhigen und die Opfer nicht zu leugnen. Sie tritt in eine Schüssel, mit Blut gefüllt, und hinterlässt auf ihrem Weg blutige Spuren, als 2003 ein ehemaliges

Mitglied der Militärjunta, verantwortlich für unzählige blutige Massaker, bei den Wahlen zum Präsidenten kandidieren darf. Performative Kunst greift in unserer Gegenwart eine Politik auf und an, die auf den Körper zielt. Wir denken an Bedrohung von Leib und Leben der Migranten durch verfehlte Flüchtlingspolitik und zugleich an die auf Körperpraktiken fokussierende Datenspeicherung zur Förderung der Volksgesundheit im digitalen Kapitalismus. Die Computer-Uhr am Handgelenk ist nicht nur chic und hip, sie erfasst und berechnet und vernetzt die gelieferten Daten über Orte, Zeiten und Bewegungen eben auch. Vielleicht denken wir auch an die zunehmende Gewalt, die von Körpern ausgeht und Körper verletzt.

Wäre es nicht denkbar, dass auch bei Rita künstlerischer Ausdruck und Protest Hand in Hand gingen? Wollte sie vielleicht auf die geschundenen Körper aufmerksam machen, die tagtäglich auf den Straßen von Cortona lagen. Wenn sie sich einen Strick um den Hals legte: Rief sie damit die Menschen ins Bewusstsein, denen durch Vergewaltigung und Missbrauch die Luft zum Atmen und durch fromme Reden das Recht zum Protest genommen wurde? War ihr durch Schmutz unkenntlich gemachtes Antlitz die öffentliche Klage darüber, dass Menschen in den Staub gestoßen und ihrer Identität beraubt wurden? Rief ihr verletzter Körper jene Verletzungen ins Gedächtnis, die allzu gern vergessen wurden? Und brachte sie mit ihren undeutlichen Laute die stummen Schreie der Schwachen und Ausgegrenzten zum Ausdruck?

Das Auftreten der Begine erinnert mich nicht allein an kritische Kunst-Aktionen. Es lässt mich auch an prophetische Zeichenhandlung denken. Hat sich nicht Jeremia das Joch aufgelegt, um dem Volk zu zeigen, dass das Handeln der Regierenden unweigerlich in die Sklaverei führt?[37] Ist nicht Jesaja drei Jahre lang nackt durch Jerusalem gelaufen als Bild für die angekündigte Schande Ägyptens?[38] Und hat nicht Hesekiel sein Haar komplett geschoren und abgewogen in drei Teilen für weitere Hinweise an die Regierenden und das Volk?[39]

Das Fass zum Überlaufen brachte Rita, als sie sich anschickte zu predigen auf den Plätzen Cortonas in der Weise der Propheten. Aus der Überlieferung ihres Beichtvaters sei ein Stück zitiert, in dem sie den Menschen einige Worte weitergibt, die Jesus selbst zu ihr gesprochen hat: „Rita, wer sind jene, die mich verrathen? Jene sind es fürwahr, die da reden, lachen, essen, trinken und schlafen mit den Mitmenschen, sie aber um Geld dem Tod überliefern. Wer sind diejenigen, die mich ausziehen und das Loos über mein Gewand werfen? Es sind die Räuber, die den Armen und Geschundenen noch das Letzte nehmen. Wer sind jene, die mich jetzt unter Anklagen zu Pilatus führen? Die Richter, die auf falsche Beweise hin entweder selbst verurtheilen oder verurtheilen lassen. Wer sind jene, die jetzt meine Haare ausraufen? Die Goldschmiede, Handelsleute und Handwerker, die aus Geiz auf mancherlei neue Weisen des Gewinnes bedacht sind. Wer sind jene, die mich an die Säule binden und grausam geißeln? Jene, welche die Leute binden, geißeln und verstümmeln, damit sie ein Lösegeld geben, das ihre Kräfte übersteigt. Wer sind jene, die mir den Bart auszuraufen sich nicht scheuen? Jene elenden Wucherer sind es. Und wer sind jene, welche mir das knappe und kurze Kreuz zimmern, an welchem das Haupt sein Ruhelager findet? Es sind jene Land-Zertrümmerer, die ihre Mitbürger aus ihren Häusern verjagen und zwingen, zu betteln, zu stehlen, zu rauben und zu huren. Die Falschmünzer, die mich mit Nägeln an das Kreuz heften.“

Ganz prophetisch spricht Rita auf diesem Marktplatz zu den Menschen. Und Auftrag von Prophetinnen und Propheten ist es nicht, die Zukunft vorherzusagen, sondern zu sagen, was ist und was daraus folgen wird.

Die Zustände, die sie in Cortona erlebt, müssen furchtbar gewesen sein. Und sie nimmt kein Blatt vor den Mund, weil sie die Liebe Jesu zu den Hungrigen, den Fremden, den Gebundenen und Kranken teilt.

Wie ein Lauffeuer ging es durch die Stadt. Freunde hat sie sich wenige mit solchen Reden gemacht und selbst im eigenen Orden mieden einige ihre Gesellschaft. Eine Klarisse des Zweiten Ordens redete ihr ins Gewissen, warnte und ersuchte sie um Mäßigung, wollte gar Buße auferlegen. „Wer bist du, dass du in dieser Weise sprichst?“, griff sie Rita an. „Überhebst dich und nimmst Gottes Wort in den Mund, wo du doch nur zur Terziarin taugst. Hast du das vergessen?“ Rita wandte sich ab und sagte nur: „Beige ist mein Gewand.“

„‚Beige ist mein Gewand.‘ Das hast du gesagt und bist einfach gegangen?“, fragte Giovanni mit einer Mischung aus Sorge und Anerkennung in der Stimme, als sie am Abend nach dem Vorfall im Haus der Beginen zusammen waren. „Na, das wird etwas geben. Schwester Martha ist die rechte Hand der Vorsteherin. Da kannst du mit Ärger rechnen.“

Der Ärger ließ nicht lange auf sich warten. Rita wurde bei der Vorsteherin einbestellt und im Beisein der triumphierenden Martha abgeurteilt. Von nun an sei der regelmäßige, am besten tägliche Kontakt zu einem Beichtvater und Seelenführer verordnet. Ausersehen war Pater Giunta Bevegnati, ein freundlicher und vorsichtiger Zeitgenosse, der nun für lange Jahre Ritas Begleiter werden sollte. Und was die Vorsteherin und die triumphierende Martha gewiss nicht ahnen konnten: dass dieser Giunta Bevegnati sich bald schon dem Kreis im Haus der Beginen anschließen würde.

Noch war es nicht so weit – und als Rita dem besorgten Giovanni antwortete, war dies einer der Momente, an dem sie vor lauter Rage alles andere vergaß: „Einerlei ist es mir, ob es Ärger gibt. Die Wahrheit kann nicht zurückstehen. Und ich kann nicht schweigen, wo etwas gesagt werden muss.“

Die Biografen der Heiligen legen großen Wert darauf, die streng moralische Seite Ritas zu betonen. Zuhauf hat sie angeblich ihrem eigenen Seelenführer Menschen in den Beichtstuhl geschickt, die bei ihr Hilfe suchten, die sie aber ob der allzu großen Sündenlast wohl lieber einem offiziellen Vertreter der Mutter Kirche anbefehlen wollte. Zitiert wird sie in der Sache einer angesehenen Frau mit gutem Ruf, die aber doch ein paar Leichen im Keller hatte. Rita folgt der Weisung Jesu und zieht Pater Giunta ins Vertrauen mit folgenden Worten, wie sie im Lebensbericht notiert sind:

„Sag ihr also, sie soll dir aus Liebe zu Gott andächtig beichten, daß sie vor ihrer Verheiratung allzu keck und allzu wenig eingezogen war.

Sie soll beichten, daß sie zu viel Verlangen nach dem Manne hatte, den sie heirathete. Sie soll dir beichten, daß sie in ihren Blicken, Reden und Werken die Ehre der Welt zuviel suchte. Sie soll beichten, daß sie vor ihrer Vermählung ihren Kopf und Rücken zuviel geschmückt und mit allzuviel Fröhlichkeit sich bei dem Manne aufgehalten. Sie soll beichten ihre unordentlichen Blicke auf ihn, und daß sie durch Reden und Berührungen die Ordnung und Rechte der Ehe überschritten. Sie soll beichten ihr allzugroßes Verlangen, bei ihm zu seyn. Sie soll beichten, daß sie zur Zeit eines großen Unfalles, den ihre Verwandten erlitten, unerlaubt geschworen und, soviel sie es vermochte, einen falschen Urtheilsspruch zu erzielen gesucht habe, und daß sie sich nicht so fast über die Entehrung des Angeklagten, als über den Schaden an Geld betrübt habe. Sie soll beichten, daß sie zum Palaste des Podesta gegangen und wegen Schönheit ihres Körpers mehr als ihre Genossinnen habe gelobt werden wollen. Sie soll beichten, daß sie gegen die Hausgenossen eine so zärtliche Liebe gezeigt, nur um Gegenliebe zu gewinnen, und daß sie den Mann und die Kinder übermäßig geliebt.

Sie soll sagen ihre Schuld über das Weltlob, nach dem sie so begierig gestrebt, und daß sie mich niemals würdig am Altare empfangen, keine bittere Reue dabeigehabt, nicht vollständig gebeichtet, an den hohen Festtagen und in der heiligen Fastenzeit nicht viel an mich gedacht, nicht viel Andacht gehabt, ihre Zeit nicht ordentlich mit Gebet ausgefüllt; daß sie ihre Gebete so trocken verrichtet und die Fasten ohne Liebe und Eifer für Gottes Ehre gehalten habe. Sie soll beichten ihr unordentliches Verlangen nach Speisen und ihre Zähigkeit im Almosengeben. Sie soll beichten, daß sie verwendet habe, was sie ungerechterweise genommen, und soll nachdenken, was und wieviel sie ausgegeben; denn das Geld, was sie ausgegeben und aus der Börse ihres Herrn genommen hat, war theils durch Gewalt und Betrug oder im Spiele erworben.

Darum will ich, daß sie jenen Personen, die sie als beschädigte kennt, Genugthuung leiste, in Betreff Derjenigen aber, die sie nicht kennt, nach Vorschrift des Beichtvaters handele. Sie erinnere sich auch, daß sie als Hausmutter die Börse ihres Hauses gehabt und viele unnütze und überflüssige Ausgaben gemacht habe. Sie leiste Ersatz für jenen Theil, den sie für sich ausgegeben hat."

Da bleibt kein gutes Haar an dieser Frau. Aber soll Rita in dieser Weise zu Giunta gesprochen haben? Hat sie sich nicht stets vernichtender Urteile enthalten? Und kennt man sie nicht eher in ihrem Bemühen um Wohlwollen und Barmherzigkeit? Was war vorgefallen, dass sie zu solcher Rede fähig war? War nicht eines der beginischen Leitmotive der Freiheitssatz aus dem zweiten Brief an die Korinther: „Wo der Geist des Herrn ist, da ist Freiheit!"[40] Ein Satz, der Lebensräume öffnet und nicht verschließt wie eine vorgegebene Bußlitanei. War es ein anderes Verständnis von Freiheit? Oder wurde der Lasterkatalog nachträglich in den Mund der Autorität gelegt, um der Abschreckung größeres Gewicht zu verleihen? Eine kleine Flunkerei, die man sich wohl erlauben kann, wenn es um das Seelenheil der vielen geht.

Ich zögere und denke mir die Möglichkeit einer anderen Seite, die in dir lag und die nur schwer zu bremsen war, wenn der Zorn mit dir durchging oder du vom Teufel geritten warst, wie man sagt. Unsympathisch ist es nicht. Es macht dich menschlicher. Ich spekuliere, wie deine Biografen auch spekuliert haben. Du kannst dich ja nicht dagegen verwahren, Rita. Heilige und Weise müssen oft nach ihrem Tod mehr über sich ergehen lassen als zu Lebzeiten.

Jetzt aber nicht weiter spekulieren. Die Geschichte muss fortgeschrieben werden. Ich denke mir Rita auf dem Weg zu ihrer Arbeit im Haus von Diabella, wo gerade der Teufel los ist.

„So geht das nicht weiter", tobt Enrico, der wohlhabende Handelsmann. „Du kannst diese Frau nicht länger in unserem Haus beschäftigen. Ich werde schon darauf angesprochen. Sie bringt uns in Verruf."

„Du verlangst, dass ich eine Frau entlasse, die nichts Unrechtes tut?", gibt Diabella zurück.

„Sie bringt unsere Freunde und Geschäftspartner gegen uns auf", donnert Enrico.

„Nein, sie setzt sich für die Armen und Kranken ein. Und außerdem sorgt sie dafür, dass unser Haushalt in gutem Zustand ist."

„Das könnten andere Frauen auch. Frauen, die nicht die ganze Stadt in Aufruhr bringen. Wenn sie so weitermacht, werden die Armen und Kranken demnächst rebellieren. Diese Frau schafft Unruhe. Redet den Minderwertigen ein, sie seien etwas und Gott stünde an ihrer Seite!"

Diabella denkt nach. „Ach, Enrico, wie kannst du so reden? Wie ist es dir selbst ergangen? Schau, dein Nachname, zeugt noch heute davon. ‚Esposito', das Findelkind, das aus armen Verhältnissen kommt, sich mit Glück hinaufgedient hat ..."

„Mit Glück!", schnaubt Enrico. „Was redest du da. Bist du von allen guten Geistern verlassen, mir dergleichen ins Gesicht zu sagen. Du solltest dich schämen! Eine Aufwieglerin und Hure hast du uns ins Haus geholt. Fort mit ihr!"

„Wie kannst du nur so über andere urteilen, Enrico? Du hast großes Glück gehabt. Ja, du hast auch hart gearbeitet, aber das Geschäft, das dir Reichtum und Ansehen gebracht hat, war das Geschäft meines Vaters. Aus der Familie Esposito kommst du und willst nun nichts mehr davon hören. Und was ‚die Hure' anbelangt: dazu wäre sie vielleicht geworden, wenn sie der Spur deiner Münzen gefolgt wäre, die direkt in dein Bett führt. Wer sollte sich also schämen?"

Es klopft an der Tür und Enrico stolpert hinaus. „Wir sind noch nicht fertig, Diabella!"

„Was ist passiert, Diabella? Ich habe laute Stimmen gehört. Gab es Streit mit deinem Mann?"

„Wir streiten in letzter Zeit andauernd. Komm, setz dich, Rita. Der Hausputz kann warten."

Rita lässt sich am Tisch nieder und gibt Diabella durch ihr Schweigen zu verstehen, dass sie zuhört.

„Weißt du, mit mir und Enrico wird es immer schwieriger. Ich meine, es war nie ein tiefes Gefühl von Liebe. Muss es ja auch nicht. Mein Vater hat einen Nachfolger im Geschäft gesucht und Enrico war der geeignete Mann. Dagegen ist nichts zu sagen, und wir haben den Wohlstand ja auch vermehrt. Aber früher war Enrico aufmerksamer mir gegenüber. Ein kleines Kompliment hier, eine freundliche Geste da. Davon kann ich seit Langem nur noch träumen."

„Was glaubst du, woran es liegen könnte, dass sich das gewandelt hat", fragt Rita.

„Vielleicht ist das mit der Zeit einfach unvermeidlich", sagt Diabella. „Man muss sich damit abfinden. So wie alles bald zur Selbstverständlichkeit wird, so wahrscheinlich auch das Zusammenleben. Andererseits hat Enrico sich auch sehr verändert. Er interessiert sich nur noch für seine Treffen mit den Handelsleuten und Stadträten. Er will unbedingt dazugehören und läuft zu den Zusammenkünften in der Taverne. Und dass er anderen Frauen nachstellt, ist auch zur Gewohnheit geworden. Ich brauche es dir ja nicht zu erzählen ..."

„Was würde Enrico Esposito sagen, wenn er uns jetzt hören könnte?"

Diabella überlegt. „Er würde wohl sagen, dass ich mich sehr verändert habe. Er stört sich daran, dass ich ihm widerspreche, wenn er behauptet, das Wichtigste im Leben sei eine gut gefüllte Kasse und eine Auszeichnung durch den Stadtrat. Es stößt ihn ab, wenn ich ihm von meinem Plan erzähle, den Frauen und Männern, die auf der Straße betteln, zweimal in der Woche eine ordentliche Mahlzeit zu bringen. Die Armen ekeln ihn. Gerade deshalb will ich es tun, aber ich weiß ja noch nicht einmal, wie das gehen kann. Es sind so viele ... Und was ihn besonders stört, dass ich ihn nicht dauernd bewundere und begehre."

Rita schweigt noch einen Augenblick und sagt dann: „Alles, was du da gerade aufgezählt hast, scheint dir sehr wichtig zu sein: eine eigene Ansicht zu vertreten, mehr als Geld und Ruhm für notwendig zu erachten, den Armen zu helfen ..."

„In Wahrheit ist es so, dass ich euch beneide, Rita. So wie ihr lebt, so ungebunden, so hilfreich für andere Menschen, so ganz bei euch selbst. Vielleicht wäre ich einfach gerne eine von euch. Ich traue mich einfach nur nicht, alles aufzugeben. Es fühlt sich so unsicher an und gleichzeitig fühlt sich das, was ich habe, so falsch an."

„Nun übertreib' nicht, Diabella! Wenn du uns zu Heiligen machst, wirst du selbst immer kleiner. Und dann übersiehst du, was du in deinem Leben alles leisten und wie vielen Menschen auch du helfen kannst."

„Wo du es gerade sagst, Rita. Da ist etwas, das ich gern mit dir besprechen will. Du kennst doch das Haus in der kleinen Gasse, das zu meinem Besitz gehört. Du sollst dieses Haus haben, Rita."

Rita ist sprachlos. Nach außen gibt sie sich nachdenklich, aber innerlich schlägt ihr Herz Purzelbäume vor Freude. Sollte sie damit ihrem großen Traum näherkommen? Ein Haus, in dem arme Kranke versorgt werden könnten ...

Gleich am nächsten Tag machte sich Rita auf den Weg zum Stadtrat. Um ein Hospital einrichten zu können, brauchten sie die Zustimmung der Räte. Allerdings hatten zwei Vorfälle die allgemeine Stimmung gegen Rita erhitzt. Zum einen hatte sie wieder auf den Plätzen gepredigt und dabei die Vorstände, Richter, Beamten, Steuereinnehmer, Wucherer und betrügerische Handelsleute im Rundumschlag angeprangert. Alle, die nicht nach Gottes Gebot und stattdessen nur nach Geld und Ruhm trachteten, wurden abgestraft. Notare, die immer neue Kniffe erfanden, um Unschuldige zu bedrücken, wurden von ihr diesmal gar namentlich benannt. Kaufleute und Krämer, die nur auf Gewinn bedacht waren, bezichtigte sie der Lüge und tadelte ihr geringes Mitleid gegenüber Witwen und Waisen. Und dass viele hohe Herren ihrem Gesinde die Erholung selbst an Feiertagen verwehrten, stellte sie als Vergehen am Gebot der Sabbat-Heiligung dar. Der Sabbat sei der Spiegel der vollendeten Welt Gottes, in der alle Menschen gleich seien – in dieser Welt für einen Tag der Woche, in Gottes kommender Welt alle Zeit.

„Gott bewahre uns davor", höhnten die Wohlhabenden der Stadt. Ja, Rita erdreistete sich gar, den Leuten zu erklären, dass der Sabbat Erholung, Ruhe und vor allem Licht für die verdunkelten Seelen bringe, weshalb die Juden auch zwei Leuchter als Bild für dieses göttliche Licht in der Seele anzünden. Mein Gott, was haben wir mit Juden zu schaffen, ätzten die Priester der Stadt und stießen ins Horn der Räte.

Der andere Vorfall betraf den Jüngling Riccardo, der ein Sohn des einflussreichen Stadtrats Bernardi Romano war, den alle wegen seines Namens nur „den Römer“ nannten. Riccardo hatte sich Rita anvertraut, weil sein Vater eine Zukunft als Priester für ihn vorgesehen hatte, er aber viel lieber die Naturwissenschaften studieren wollte. „Der Römer“, der den älteren Sohn mit der Übernahme der Manufaktur betraut hatte, sah in seiner Gier nach üppigem Auskommen den Priesterstand für geeignet an. Mit der Kirche war er sich schon über den Preis einig geworden. Der Kauf von Ämtern war Alltagsgeschäft. Rita erkannte die seelische Qual Riccardos und unterstützte ihn dabei, seine Bestimmung im Leben herauszufinden, sich seine Neigung nicht zerstören und seinen Traum nicht nehmen zu lassen.

„Bestimmung“, „Neigung“, „Traum“ – Bernardi Romano war abwechselnd verzweifelt und wütend.

„Für diese Frau sollen wir die Genehmigung zur Gründung eines Hospitals beschließen?“, ereiferte sich Bernardi in der Sitzung des Rates.

Tobaldi Rosso, sein Kollege, war besonnener. „Denkt doch mal darüber nach“, versuchte er die anderen zu überzeugen, „ob wir nicht doch in unserer Stadt etwas für die vielen Kranken tun müssen, die sich die Versorgung nicht leisten können? Schon allein des Friedens wegen. Wer weiß, wie lange sich die Massen noch ruhig verhalten. Eine Predigt dieser Rita wirkt derzeit mehr als die Predigt irgendeines dieser Kirchenfürsten. Stellt euch vor, die große Armut führt gar bald zum Aufbegehren.“

„Was interessieren die Armen“, giftete „der Römer“ zurück. „Sie sind viel zu schwach, sich zu wehren und aufzubegehren. Eher folgen sie ihrem Los, siechen dahin und sterben.“

„Nun ist aber genug“, mahnte der Vorsitzende zur Mäßigung.

Einen Trumpf hatte Tobaldi noch im Ärmel. Und das war ein weiteres Problem der Stadt, die gerade im ernsten Streit zwischen Ghibellinen und Guelfen zerrieben zu werden drohte, sodass Gewalt und Blutvergießen zu befürchten war. Woher auch immer, aber diese Rita schien sich mit dem Zank zwischen Papst- und Kaisertreuen auszukennen. Der Bischof fiel als Vermittler aus. Dazu war er viel zu sehr auf seinen eigenen Vorteil bedacht. Und die Handelsleute brauchten dringend Ruhe im Land, beeinträchtigte der Konflikt doch zunehmend ihre Geschäfte. Rita hatte sich vor wenigen Tagen eingeschaltet und offenbar geschickt verhandelt. Ein Abkommen wurde unterzeichnet und Rita hatte etwas gut beim Stadtrat. So trug es Tobaldi nun mit Pathos vor. Spät in der Nacht kam es zum Beschluss: das Haus der Diabella soll ein Hospital sein und der Rat beschließt Zuschüsse für die Ausstattung. Tobaldi, mit gutem Beispiel voran, sicherte sogleich eine beträchtliche Summe für die Stadtkasse zu.

Im Jahre 1278 konnte die Klinik für die Armen Cortonas eröffnet werden. Zuvor aber saß man noch unzählige Abende und Nächte im Haus der Beginen beieinander, um zu debattieren und zu planen. War Mirjam als Ärztin dafür zu gewinnen, von Montepulciano hinüber nach Cortona zu kommen? Was würde man alles brauchen, um ein ganzes Hospital zu unterhalten? Woher die helfenden Hände? Und vor allem: woher das Geld?

Beim Streit ums Ideal der Armut dreht und wendet man die Argumente. *(Der Raum im Haus der Beginen ist schwach beleuchtet. Nur einige Kerzen werfen Licht auf Tisch und Gesichter. Um den Tisch versammelt sind Raniera, Cara, Giovanni, Giunta und Mirjam. Marinaria kommt gerade mit einem Krug aus der Küche, als Giovanni spricht.)*

Giovanni: Es ist schwer, sich ein Krankenhaus für Arme vorzustellen, das auf dem Geld der Reichen aufgebaut ist. Allzumal wenn man weiß, dass es sich um schmutzig erworbenes Geld handelt.

Giunta: „Non olet – Geld stinkt nicht“, sagt man.[41] „Es kommt immer darauf an, was man damit macht.“

Cara: „Es ist aber kaum zu leugnen, dass euer Ordensgründer erhebliche Vorbehalte gegen das Geld hatte, gegen unrechtmäßig erworbenes besonders. Und damit folgt er dem Herrn, der uns allen vorangeht und zur Nachfolge ruft.“

(Die Tür wird geöffnet und herein kommen Rita und Franca.)

Marinaria: „Wo kommt ihr denn her? Ihr seid spät dran. Von Franca kennen wir das, aber Rita ...“

Rita: „Franca hatte Schwierigkeiten, und wir mussten noch etwas beim Gericht klären.“

(Franca schaut verstört drein.)

Giovanni: „Schwierigkeiten? Was ist vorgefallen?“

Franca: „Zwei geistliche Herren haben mich gestern verfolgt und jagten meiner Schürze hinterher, aber ich konnte fliehen. Heute haben sie mich aufgegriffen und vor den Richter geführt. Ich hätte mich unkeusch verhalten. Der Richter wollte abwiegeln, aber sie haben darauf bestanden, dass auf meine Sünde die öffentliche Prügelstrafe stehe. Ich danke Gott, dass Rita in der Nähe war.“

Giunta: „Wie konntest du helfen, Rita? In dieser ausweglosen Lage?“

Rita: „Es war nicht schwer. Franca hatte ein Alibi. Sie war zu dem von den Kuttenträgern angegebenen Zeitpunkt gemeinsam mit mir bei einer Sterbenden. Hat mir geholfen, sie würdevoll zu versorgen bis an ihr Ende. Ach, Franca hat diesen Dienst so wundervoll versehen.“

Giunta: „Welch Zufall ... oder Fügung. Hat sich das wirklich genau so zugetragen?“

Rita: „Nur Gott ist unser Zeuge. Wir waren allein bei der Sterbenden, die keine Angehörigen hatte.“

Giunta: „Du weißt, Rita, dass du nicht lügen sollst!“

Rita: „Ich weiß, dass es eine Lüge gewesen wäre, Franca diesen Männern zu überlassen. *(Auf den Gesichtern zeigt sich Lachen über Ritas Schlagfertigkeit.)* Worüber sprecht ihr gerade?“

Raniera: „Es geht, wie so oft, um das liebe Geld. Wo waren wir stehen geblieben?“

Giunta *(erleichtert, dass sein Schützling davongekommen war, und doch besorgt in der Erwartung, dass die Brüder für die Finte Ritas Rache nehmen würden)*: „Cara wollte uns gerade die Ablehnung Jesu und der Heiligen gegenüber dem Geld aus der Schrift erklären.“

Cara: „Eindeutig sagt die Schrift, dass Jesus kein Geld bei sich trug.“

Giunta: „Und eindeutig sagt sie, dass er einen Jünger mit der Verwaltung der Kasse beauftragt hatte. Es gab also einen Geldkasten."

Marinaria: „Womit wir wieder bei den Widersprüchen in der Schrift wären. Ich könnte wetten, dass Giovanni gleich wieder ein Wort von Abaelard zu Gehör bringt."

Giovanni: „Diese Wette hast du gewonnen. Tatsächlich legt Abaelardus den Finger auf die Widersprüche und zeigt, dass die Schrift nur durch unseren Verstand und durch Untersuchung zur Wahrheit gelangen kann."

Mirjam: „Und er war nicht der Erste, der das entdeckt hat. Schon Ibn Sina war sich sicher, dass der Schöpfer uns den Verstand nicht gegeben hat, damit wir ihn vor Verbrauch schonen. Und Moses ben Maimon hat mit vielen anderen Gelehrten darauf hingewiesen, dass nicht jeder, der aus der Bibel zitiert, die Wahrheit sagt. Hat nicht auch der Satan in der Wüste mit biblischen Worten gegen Jesus argumentiert – und stand doch nicht auf der Seite der Wahrheit?"[42]

Cara: „Und doch soll ein jegliches Wort, das aus Gottes Mund kommt, in Ehrfurcht gehalten werden".

Mirjam: „Wohl wahr. Aber ein Wort allein verkündet keine ewigen Wahrheiten. Es muss ausgelegt werden. Es muss befragt werden auf seinen Sinn in der jeweiligen Sache. Es regt nicht zum blinden Vertrauen an, sondern zu vertrauensvollem Nachdenken."

Giovanni: „Das ist ein schöner Gedanke. Die Bibel erzählt keine Wahrheiten. Sie fordert uns heraus, miteinander nachzudenken. Und sie will, dass sich ihre Verheißung in unserem Leben bewahrheitet. Und dazu braucht es die Vernunft.

Giunta: „Die Vernunft. Hört: Bruder Giovanni steuert auf eines seines Lieblingsthemen zu."

Giovanni *(zufrieden mit der Zunge schnalzend)*: „Wenn es nur mein Lieblingsthema wäre! Aber es ist das Thema unserer Zeit – der Glaube und die Vernunft! Bacon lehrt uns, dass die Wissenschaften nicht widergöttlich sind, schenkt uns Gott doch Verstand und Wissen."

Giunta: „Ich weiß nicht, ob unser Bruder aus Oxford, der gerade wieder einmal Zeit im Arrest verbringt, wie man hört, ob unser Bruder Roger Bacon mit seinen Forschungen widergöttlich ist. Wider unsere Lehrer von Augustin bis Thomas ist er allemal. Und der Warnung ist Gehör zu schenken, dass die Wissenschaft eine Mauer bringe zwischen Gott und die Seele."

Giovanni: „Mitnichten ist es so! Nur weil er nicht dem Thomas von Aquin auf jedem Gedankenschritt folgt, redet er doch nicht Böses. Er regt uns an weiterzudenken. Wer bestimmt denn, was gedacht werden darf? Wenn seit Augustin die Theologie die Herrin aller Wissenschaften sein soll, so sei's drum. Mit Bacon leisten sich alle Wissenschaften gegenseitig Hilfe. Was ist falsch daran?"

Giunta: „Falsch wird es, wenn die göttliche Offenbarung in Frage gestellt wird von diesen kritischen Geistern. Dein Bacon hätte besser mehr in das Studium unserer Brüder investiert als die Nase zu viel in Avicenna und Averroes zu stecken."

Giovanni: „Kaum zu fassen! Aber man kann sehen und hören, wohin es führt, wenn man auf die Polemik eines Bonaventura hereinfällt. Dann muss man sich nicht mehr mit der Sache selbst beschäftigen. Ja, ich kenne sein Wettern gegen die ‚Flamme verderblicher Neugier' und gegen die ‚dirnenhaft schändlichen Wissenschaften'. Ich weiß um Bonaventuras Zorn gegen die Theologen, die aus seiner Sicht die ‚eheliche Treue zur Heiligen Schrift' verletzen und den ‚zottigen Esau gebären', der mit seinen Stößen angeblich den mütterlichen Schoß der Kirche erschüttert. Dieses Gerede ist mir nicht fremd. Aber es bekämpft, was uns ein kostbarer Schatz sein könnte, nämlich die Freiheit im Denken. Weil sie uns hindern, räumt Bacon die Hindernisse weg. Weg mit dem Respekt vor Autoritäten! Weg mit den Gewohnheiten! Weg mit der Abhängigkeit von Massenmeinungen! Der Weg muss ein anderer sein: Autorität nützt nichts, wenn sie nicht auf Begründung beruht. Und Begründung allein führt nicht zum Wissen, wenn wir nicht ihre Schlüsse durch die Praxis überprüfen."

Raniera: „Das ist es! Die Praxis! Bald graut der Morgen schon wieder und wir sind völlig weggekommen von den wichtigen Fragen des Hospitals. Allein mit Philosophieren lässt sich nicht vorankommen!"

Giovanni: „Wunderbar, Raniera, du hast verstanden, was Bacon sagen will: Es braucht Erfahrung. Also lasst uns Erfahrung sammeln mit einem Krankenhaus!"

Harte Erfahrungen waren es, die sie sammeln mussten im Hospital. Allerlei Krankheiten waren zu behandeln. Für viele gab es keine Heilung werden und die Patienten starben dahin. Die Folgen von Gewalt und Kriminalität zeigten sich in diesem Haus, mussten doch regelmäßig Leute mit gebrochenen Knochen und Stichverletzungen versorgt werden. Hätten die Stadträte gewollt, hier hätten sie das soziale Elend in ihrer Stadt wie durch ein Brennglas sehen können. Zerstörte Menschen mit zerstörten Organen, denen der Alkohol zugesetzt hatte, gefrorene Finger und Zehen, verwahrloste Gestalten, die erst nach einigen Tagen wieder menschliche Züge zeigten.

Bald sprach sich herum, dass hier ein Krankenhaus zu finden war, das sich von den gewohnten Kliniken unterschied. Hier wurden die Patienten erst einmal ohne Berechnung der Kosten aufgenommen. Sie wurden auch nicht Lager neben Lager in große Säle gepfercht, sondern einige wenige erhielten jeweils ein Zimmer des großen Hauses. So konnten die Einzelnen sich nicht mehr so leicht anstecken mit irgendwelchen Krankheiten, wie es sonst geschah, dass man kränker aus der Klinik kam, als man hineingegangen war. Mirjam kümmerte sich medizinisch um die Kranken, schulte daneben einige Frauen darin, Salben aufzutragen, Verbände anzulegen und zuträgliche Nahrung zuzubereiten. Überdies wurden bald schon junge Ärztinnen und Ärzte im Hospital ausgebildet, was Mirjam mit großer Zufriedenheit erfüllte.

Längst wollten nicht nur die armen Bewohner Cortonas aufgenommen werden. Wegen des guten Rufes der Klinik begehrten auch die Reichen eine Versorgung und so entstanden neue Probleme. Wer zahlt, darf auch bestimmen, lautete bald die Devise aus dem Stadtrat und es wurde immer schwerer für Mirjam und Rita, den Armen den Vorzug zu geben. Es gelang nur durch Arbeit, Arbeit und noch mehr Arbeit.

Manchmal wurde sie gefragt, woher sie die Kraft nähme und ob es sie nicht entmutige, dass sich die Welt nicht grundlegend zum Besseren wandele, wo sie sich doch so viel engagiere. Sie kämpfe sicher für Veränderungen, sagte Rita dann. Aber sie mache den Sinn ihrer Arbeit nicht allein vom Erfolg abhängig. Ein jeder, der eine bessere Zukunft vor sich haben würde, lohne den Einsatz. Und überhaupt verhalte sie sich so, weil sie einfach nicht anders könne. Nicht anders zu können, sei Grund genug für alles Wirken.

An einem Tag, der begonnen hatte wie viele andere, kam Rita besonders erschöpft zurück. „Was ist denn mit dir passiert?“, fragte Marinaria, die immer sofort spürte, wie es um Rita stand. Und Rita erzählte, dass ein paar Leute aus Laviano ihre Stiefmutter ins Hospital gebracht hatten. Sie würde sterben in ein paar Tagen, das war sicher. Rita war verstört über ihren Gedanken, ob sie diese Frau wirklich aufnehmen sollte. Sie hat es getan. Hat aber dann die Pflege an eine andere Schwester abgegeben. Zuvor hatte sie nach ihrem Vater gefragt und erfahren, dass er vor einigen Monaten gestorben war. Zu viel für einen Tag!

Und es gab weitere solcher Tage. Rita machte sich schon seit einiger Zeit Sorgen um Jacopo, von dem lange nichts zu hören war. Er sei von einer Reise nach Köln nicht zurückgekommen. So hatte man gesagt. Und dann kam ihr zu Ohren, er habe sich in einem depressiven Anfall in einen Brunnen gestürzt. Manche sagten aber, das sei nicht wahr. Vielmehr sei er in Köln in die Fänge der Inquisition geraten, habe sich beim Verhör ungeschickt verhalten. Vielleicht zu naiv und im Glauben, es könne ihm nichts geschehen, war doch sein eigener Orden an den Verfahren beteiligt. Nun aber saßen ihm Leute der Domini canes[43] gegenüber. Und wieder andere meinten erfahren zu haben, er habe fliehen und auf einem Schiff entkommen können – wer weiß wohin.

Rita sollte von ihrem Sohn kein Lebenszeichen mehr bekommen. Das Warten kostete sie Kraft. Und mit der Zeit vergaß sie es an manchen Tagen.

Schließlich gab es anderes, nicht weniger Aufzehrendes: vor allem der langsame Abschied von Cara, ihrer ersten Freundin, die sie nun seit 35 Jahren kannte. Mit Unwohlsein hatte es begonnen. Cara konnte ihren Dienst in der Klinik nicht länger leisten – und plötzlich war sie selbst Patientin. Eine Geschwulst mit Ablegern an verschiedenen Stellen im Körper, sagte Mirjam. Wir können nur für Linderung sorgen. An einem sonnigen Morgen im Jahr 1293 ist Cara gestorben, nachdem Rita und Mirjam die Nacht an ihrem Bett verbracht hatten.

Schon immer war es ihre Art, sich von Zeit zu Zeit etwas zurückzuziehen. Auch dabei nahm Rita sich ein Vorbild an dem Mann aus Nazareth, der regelmäßig die Stille suchte und brauchte. „Man kann nicht nur geben, man muss auch wieder sammeln", sagte sie dann und verschwand für ein paar Stunden oder gar Tage.

Nun, nach Caras Tod, trat sie noch mehr in den Hintergrund. Die günstige Gelegenheit zeigte sich, als ihr eine neue Behausung angeboten wurde, noch etwas weiter außerhalb der Stadt. Aus dem Krankenhaus konnte sie sich gut lösen. Die Abläufe waren inzwischen Routine, die Konflikte einigermaßen geregelt, und es gab genug engagierte Schwestern und Brüder für die notwendige Arbeit. Es war keineswegs Resignation oder Erschöpfung, dass Rita den Abstand suchte. Vielmehr das Gefühl, es könnte ein neuer, vielleicht ein letzter Abschnitt beginnen. Die großen Themen im Weltenlauf hatten für sie etwas an Bedeutung eingebüßt; sie hatte sich hinreichend damit beschäftigt. Und so bezog sie ihre neue Unterkunft und pflegte nun nur noch zu wenigen Menschen Kontakt.

Kaum vorstellbar in heutiger Zeit, denke ich, als ich diese Sätze in das Notebook tippe. Nichts bist du in dieser Epoche, wenn du ohne Gesellschaft bist, wenn du dein Kommunikationsgerät nicht zur Hand hast, wo offline zu sein für viele den sozialen Tod bedeutet.

Natürlich wurde sie in ihrer Klause aufgesucht von Menschen, die sich ein gutes Wort erhofften oder um Rat fragten. Manche versuchten sie zu bewegen, wieder stärker in die Öffentlichkeit zu gehen. Anfangs erlebte sie die Anfechtung und Versuchung bei solchen Aufforderungen. Sie hatte doch so viel zu geben, sagten sie. Wer hört das nicht gern? Es war eine schwierige Suche nach dem rechten Verhältnis von Rückzug und Hinwendung in der Öffentlichkeit, doch mehr und mehr fand Rita ihren Standpunkt. „Wer etwas anderes sucht als das, was ich zu geben habe, der muss woanders suchen", erklärte sie und beließ es dabei.

Zusammen leben, aber wie, in welcher Form? Ich ahne, dass Rita sich stark mit dieser Frage beschäftigt hat. Zu klar erscheinen ihre gelebten Vorstellungen vom Miteinander, als dass sie sich äußerten in zufällig launiger Weise. Die Frage des Zusammenlebens weckt seit langer Zeit auch mein Interesse. In seiner Vorlesung aus den Jahren 1976 und 1977 legt Roland Barthes[44] einige Spuren, die sowohl das Verhalten der Heiligen von Cortona erschließen helfen als auch dem eigenen Nachdenken Impulse geben.

Barthes erinnert an die Idiorrhythmiker auf dem Berg Athos, deren Ideen im 14. Jahrhundert in die seit dem zehnten Jahrhundert bestehenden Klöster der Koinobiten Einzug hielten. Im Ursprung gehen idiorrhythmisches Gedankengut und Lebenspraxis bis in die Spätantike zurück. Im Unterschied zu den Koinobiten, die ein gemeinschaftliches Zusammenleben praktizierten, bei dem nahezu alle Lebensvollzüge miteinander geteilt wurden, leben die Idiorrhythmiker eine Existenz, die dem jeweils eigenen Maß folgt. Sie leben in kleinen Gruppen – Roland Barthes gibt eine günstige Größe mit unter zehn Personen an –, die bemüht sind, im Zusammenleben jedem Einzelnen Raum für den eigenen Rhythmus zu lassen. Dabei sei „Rhythmus", so Barthes weiter, nicht wie heute gebräuchlich als Ausdruck regelmäßiger Bewegung verstanden worden, sondern eher im Sinne einer Veranlagung, die von anderen unterscheidet und deshalb Beachtung verdient.

Strenge Reglementierungen wurden zurückgewiesen, da man diese als Instrumente der Herrschaft des einen über die anderen ablehnte. So unterstanden die kleinen Behausungen, in denen die Mönche teils wie Einsiedler lebten, auch keinem Abt. Kontrolle durch hierarchische Macht sollte ausgeschlossen sein. Eine „Dressur" zur Erfüllung normierter Wertvorgaben fand nicht statt. Das Ziel war eine kleine Gemeinschaft, in der man sich nicht erst im Wettstreit mit anderen Ansehen verschaffen musste. Die Idiorrhythmiker zogen sich zurück von einer durch staatliche und kirchliche Kontrolle durchsetzten Welt, was nicht unbedingt absolute Einsamkeit bedeutete, sondern eher die Reduzierung der Kontakte.

Hierarchie-Freiheit galt außerdem für die funktionale Organisation. Aufgaben, welche die Gemeinschaft als Ganzes betrafen, mussten auch gemeinsam erledigt werden, was wiederum ein Argument für die übersichtliche Gruppengröße ist, da diese am ehesten Absprache und Verteilung ermöglicht. Auf diese Weise lässt sich auch das durch Kommissionen gesteuerte Kommunardendasein vermeiden. Das war wichtig, galt doch die übergeordnete Kommission wiederum als ein hierarchisches Konstrukt und als Dublette formaler Lenkungsart des Staates oder der Kirche. Eine Delegation von Aufgaben an Bedienstete konnte in Ermangelung derselben erst gar nicht stattfinden.

Symptomatisch war auch das Streben nach Autarkie, das auch Rita auszeichnete. Wie Kontakte reduziert werden, so auch Bedürfnisse, weil ausgeprägte Anspruchslosigkeit zu weniger Abhängigkeit führt.

Eine aufwendige Bürokratie als Mittlerin zwischen den staatlichen oder kirchlichen Kontrollinstanzen suchte man bei den Idiorrhythmikern vergeblich. Schließlich hatte man sich den tradierten Trägern der geistlichen und weltlichen Macht entledigt.

Die Möglichkeit zur Distanz voneinander war nicht nur gegeben, sondern als wertvoll intendiert. Man wusste, dass ein angemessenes Verhältnis von Nähe und Distanz sowohl ein gutes Zusammenleben als auch das Recht eines jeden Einzelnen auf Undurchsichtigkeit fördert – und für die Beachtung des jeweiligen Rhythmus‘ ohnehin unverzichtbar ist.

Es versteht sich von selbst, dass die Idiorrhythmie der Kirche ein Dorn im Auge war. Die Forderung nach dem eigenen Rhythmus widersetzt sich naturgemäß aller Macht und entzieht sich aller Kontrolle. So findet die idiorrhythmische Weise des Zusammenlebens ihre Ausbreitung auch eher im orientalischen Mönchtum, während die koinobitische Form im abendländischen Kloster beheimatet ist, wo eine Selbstermächtigung im Sinne der Margareta von Cortona wenig Nährboden findet. Diesen Nährboden hat sie mit ihrem eigenen Lebensstil verbreitet unter denen, mit denen sie zusammengelebt hat.

Fünftes Bild – Auf dem Sterbebett

Man hört des Öfteren, dass Menschen sterben, wie sie gelebt haben. Wenn das auch auf Rita zutreffen soll, muss das Bild korrigiert werden. Hier liegt sie auf ihrem Lager, über ihrem Kopf leuchtet schon ein Strahlenkranz wie ein Hinweis auf die Heiligkeit, die erst am 16. Mai des Jahres 1728 durch den Spruch Papst Benedikts des XIII. erfolgte. Die Strahlen erhellen das Gesicht der Sterbenden. Ansonsten wirkt die Szene düster. Daran ändert auch die schwache Kerze nichts, die ein Messdiener in die Klause gebracht hat. Neben dem Bett hat sich eine Klarissin betend zu Boden geworfen. Am rechten Bildrand findet sich ein Mönch, lesend aus der Heiligen Schrift. Rita hat ihre Linke zum Herzen geführt, auf dem ein Kruzifix ruht. Die rechte Hand liegt auf der Decke und wirkt, als wollte sie sich zur Begrüßung in die Hand eines unsichtbaren Gegenübers legen. Das kann nur Christus sein, der bereit ist, sie zu empfangen. Der Beichtvater, mit der Darreichung der Sterbesakramente befasst, ist im Zentrum des Bildes über die Sterbende gebeugt.

Nun soll der Verfasser der Biografie noch einmal zu Wort kommen, der sich in seiner Darstellung ja stets auf den schriftlichen Nachlass des guten Bevegnati gestützt hat, wobei an dieser Stelle der Redlichkeit halber darauf hingewiesen werden muss, dass Rita in den letzten sieben Lebensjahren ihren Vertrauten entbehren musste, wie auch der Biograf den letzten Akt aus Ritas Leben ohne die Notizen Giuntas aufs Papier zu bringen hatte:

„Im Vertrauen auf Gott überwand sie Alles und kannte längst keine andere Richtschnur mehr als den Willen Gottes. Diesen zu erfüllen, wäre sie in die Mitte der Flammen gesprungen. Da sie auf solche Weise nicht nur die dritte Stufe der Vollkommenheit, die Vereinigung nemlich mit Gott, sondern auf dieser Stufe eine sehr steile Höhe erreicht hatte, da fand es der Herr für gut, sie von der Laufbahn, vom Kampfplatze, ab zur Ruhe und zum Lohne zu berufen. Es beliebte ihm, dieser seiner Braut Tag und Stunde ihres Hingangs zu offenbaren. Die volle Freude dieser Offenbarung aber bestand nicht darin, zu wissen, was Menschen auf gewöhnlichem Wege nicht wissen können, sondern zu wissen, daß sie glücklich von hinnen gehen, ohne fernere Läuterung und umgeben von himmlischen Schaaren zu Gott gelangen würde. Es kostete jetzt noch den letzten Kampf. Sie kämpfte auch diesen mit Muth, weil unterstützt mit der größten aller Gnaden, mit der Gnade der Beharrlichkeit. Dem Geiste nach getrennt von allem Irdischen seufzte sie nur nach dem Himmlischen, nach Christus, der zur rechten Hand Gottes sitzt. Sie aß und trank Nichts mehr oder konnte vielmehr Nichts essen und trinken. Der Leib war vom Geiste gleichsam verzehrt. Siebenzehn Tage brachte sie auf solche Weise fastend, seufzend und verlangend nach Gott zu, bis endlich am Feste des ‚Stuhles Petri', am 22. Februar 1297, bei Aufgang der Sonne der himmlische Bräutigam erschien und seine vielgeliebte Braut, da eben die Morgenröte aufging, zur ewigen Hochzeit rief."

Sollte Rita indes gestorben sein, wie sie gelebt hat, dann wäre ein anderes Bild zu zeichnen: Tatsächlich hat sie sich in den letzten Monaten zurückgezogen und kann nur noch wenige Menschen in ihrer Nähe ertragen. Mirjam ist die meiste Zeit bei ihr, wenn sie sich nicht in der Klinik um die Kranken kümmert. Das ist gut. Die Ärztin und Freundin strahlt Ruhe aus und will nicht dauernd etwas tun, weil sie weiß, dass nichts getan werden kann. Es ist das Herz – wie bei der Mutter. Schwach ist es geworden und wenn es keine Kraft mehr hat, wird es plötzlich aufhören zu schlagen. Mirjam fürchtet sich nicht vor der Stunde des Todes, wie auch Rita den Tod nicht fürchtet. Angst haben beide vor dem Abschied, der ihnen so bald bevorsteht.

Giovanni kommt regelmäßig zu Besuch. Neben ein paar Früchten, von denen er weiß, dass Rita sie gern zu sich nimmt und gut verträgt, bringt er immer Neuigkeiten mit. Sein Eifer hat nicht nachgelassen, immer am Puls der Zeit, immer eine Meinung, über die zu diskutieren sich lohnen würde. Aber Rita diskutiert nicht mehr. Wozu sollte sie ihren Horizont in Fragen weiten, zu denen sie schon bald nichts mehr beizutragen hätte? Was und wie sie dachte über die Dinge, war ohnehin bekannt. Schon vor langer Zeit hat sie aufgehört, sich im Sog der Meinungen zu bewegen. Es schien ihr, als habe bei unablässigem Gerede die Urteilskraft abgenommen. Wo viele Worte sind, da hört man den Toren, heißt es im Buch Kohelet.[45] Und so folgt Rita lieber der biblischen Devise „rede wenig und tue viel“, auch wenn sie jetzt nicht mehr viel tun kann.

Giovanni dagegen hat immer wieder einen Bericht auf Lager. Vor wenigen Tagen hat eine Gruppe exilierter Genuesen, die auf der Seite der Guelfen stand, unter Führung von Francesco Grimaldi überfallartig Monaco erobert, wo dieser seinem Cousin Raniero die Herrschaft übertrug. Beim Namen zuckt Rita kurz und spürt einen Stich in der Brust. Und Papst Bonifatius VIII. baut durch hinterlistige Ränkespiele seine Macht aus, erzählt Giovanni aufgeregt. Hier zuckt Mirjam, denn Bonifatius, ehemals bekannt als Benedetto Caetani, hatte sich als glühender Verfolger der Jüdinnen und Juden einen Namen gemacht. Sein Machtstreben rührt Rita nicht mehr. Welche Macht sollte das sein? In den fünf Jahrzehnten ihres Lebens hatte sie vierzehn Päpste und zwei Vakanzen erlebt. Manche wirkten viele Jahre, andere nur wenige Monate, einer, Hadrian V., hat nicht einmal seine Weihe erlebt und starb am 38. Tag seines Papsttums. Und in den fünf Jahren, in denen der Heilige Stuhl unbesetzt war, ist die Welt auch nicht untergegangen, denkt sie nur und überlässt den Freund seinen Weltgeschichten und Weltgeschicken.

Die treue Marinaria kommt herauf, wann immer es ihr möglich ist. In letzter Zeit zahlt sie dem Alter heftig Tribut und ist nicht mehr so beweglich. Warte nur, Rita, bis du in mein Alter kommst, sagt sie immer, wenn sie mit ihrem Korb voll köstlichem Gebäck den Raum betritt, dann wirst du verstehen, dass nicht mehr alles so leicht von der Hand geht. Sie ist nicht dumm und sieht, wie es um Rita bestellt ist. Sie will Mut machen, vielleicht zuerst sich selbst, weil sie den Gedanken an Ritas Sterben nicht gut aushalten kann.

Franca hat sich in den letzten Sommertagen verabschiedet; das muss schon etwa vier Monate her sein. Schon länger hat sie von Belgien geschwärmt, war auch bereits für ein Jahr dort. Nun wollte sie vor Wintereinbruch wieder dorthin wandern und sich für den Rest ihrer Zeit, wie sie es nannte, in Gent niederlassen. Glauben wollte man es nicht so richtig. Wie sollte sich diese Frau, die ein Leben lang umhergezogen ist, niederlassen?

Die Zeit scheint gekommen. Rita spürt es, und Mirjam spürt es auch. Seit drei Tagen kann Rita nicht mehr aufstehen. Mirjam hat ihr ein Kissen in den Rücken geschoben, damit das Atmen leichter fällt. Sie ist die ganze Zeit in ihrer Nähe.

„Hoffentlich dauert es nicht mehr lange". Rita lächelt ihre Freundin zu. Sonst störe ich heute noch deinen Beginn des Sabbat.

„Ach Rita, hast du vergessen, dass der Sabbat uns gegeben ist und nicht wir dem Sabbat? Und wenn es so sein soll, lese ich dir das 56. Kapitel Jesajas, das zum Ruhetag gehört."

Natürlich weißt du, worauf Mirjam anspielt. Deshalb schaust du jetzt scheinbar strafend ins Gesicht deiner Freundin. Es ist das Kapitel, in dem Gott allen, die nicht zum Volk Israel gehören und dennoch die Weisungen und den Sabbat halten, einen ewigen Namen und einen festen Platz in seiner Gegenwart zusagt.

„Denkst du auch, dass in Träumen Botschaften von Gott verborgen sind?" Rita träumt viel in den letzten Tagen.

„Erzähl mir einen Traum – und wir schauen, was Gott dir damit sagt."

„Ich war in der Jagdhütte, du weißt schon, und habe auf Raniero gewartet. Aber er ist nicht gekommen und ich habe mir große Sorgen gemacht. Und dann stand da eine Gestalt in der Tür, die mir zuwinkte und bedeutete, ich solle ihr folgen."

„Wie hat sie ausgesehen, diese Gestalt?"

„Ich konnte sie nicht genau erkennen. Es war so dunkel."

„War es eine Frau oder ein Mann?"

„Ich glaube, es war eine Frau. Nein, eben kommt es mir vor, als seien es zwei Frauen gewesen."

„Haben sie etwas gesagt?"

„Lass mich überlegen. Ich kann mich nicht erinnern. Ich glaube, ich habe nach Raniero gefragt."

„Und sie haben nicht geantwortet?"

„Ich glaube nicht. Die eine hat mir nur zugewinkt, die andere stand bei einer Kutsche und hat die Tür aufgehalten."

„Ah, eine Kutsche war auch noch da. Offensichtlich wollten sie irgendwo hin mit dir."

„Die Kutsche kam mir bekannt vor. Sie war klein und wurde von einem Pferd gezogen, einem edlen Pferd."

„Hast du das Pferd auch schon mal gesehen?"

„Es könnte das Pferd gewesen sein, mit dem Raniero damals jede Woche durch die Straße in Laviano hinauf- und hinuntergeritten ist. Verrückt. Ein solch edles Pferd ist doch nicht dafür auf der Welt, eine Kutsche durch die Gegend zu ziehen."

„Na ja, für besondere Anlässe könnte es schon sein, dass man mal von der Gewohnheit abweicht, sagt Mirjam nachdenklich. Bist du denn eingestiegen in die Kutsche?"

„Ich bin eingestiegen und wir sind gefahren über eine Wiese hinüber zu einem Wald, aber der Traum war zu Ende, ohne dass ein Ziel sichtbar war."

„Sag mal, hast du mir nicht erzählt, Raniero hätte damals, als du bei Cara untergetaucht warst, zwei Frauen geschickt, die dich zu ihm gebracht haben? Damals, als du in der Nacht nach dem Streit von zu Hause weggegangen bist?"

„Ach ja ... Das hast du dir gemerkt ..." Rita schließt die Augen und schläft ein.

Es ist ganz still im Raum, nur das unregelmäßige Atmen von Rita ist zu hören. Seit gestern klingt es so, als ob da etwas rasselt. Mirjam überlegt, was sie der Freundin noch zur Erleichterung geben könnte. Convallaria majalis, das Maiglöckchen, mit seiner günstigen Wirkung auf die Herzmuskulatur und die Gefäße, nahm sie ja schon seit Langem ein. Vielleicht ein krampflösendes Gemisch aus Efeu, Thymian und Weißdorn? Oder einen Sud von Andorn und Schwertlilie. Der würde das Abhusten unterstützen, falls das nötig werden würde. Auf keinen Fall sollte auf die beruhigende Wirkung der Melisse verzichtet werden.

In ihre Überlegungen mischen sich Erinnerungen an einzelne Begebenheiten und Gespräche, heitere Episoden, die Mirjam wehmütig und zugleich glücklich machen. Wie hatte Rita noch vor kurzem gemahnt: „Wenn ich gestorben bin, soll man an meinem Sarg auf keinen Fall mein Ende bedauern, weil ich noch so viele Pläne gehabt hätte.

Das würde ja nur bedeuten, dass ich vieles nicht getan habe, als die Zeit dazu war. So ist es aber nicht. Ich habe getan, was ich tun wollte und tun musste." Ein kräftiger Satz, denkt Mirjam. Und nun, da das Ende bevorsteht? Wäre noch etwas offen geblieben? Müsste noch etwas besprochen werden? Wäre noch etwas zu erledigen, zu bedenken, zu sagen? Nein. Es ist alles erledigt, alles bedacht, alles gesagt, soweit man es nach menschlichem Vermögen beurteilen kann.

Rita öffnet die Augen und dreht den Kopf. „Ich habe geschlafen", sagt sie. „Das hat gutgetan. Ist alles erfüllt, Mirjam? Ich denke, es ist bald Zeit, etwas anderes zu tun."

„Gesegnet sei Gott, der unser Gebet nicht verwirft, noch seine Güte von uns wendet", zitiert Mirjam den Psalmvers.[46]

„Ja, der Segen ... Wo du es gerade mit dem 66. Psalm gebetet hast; das wollte ich mit dir bedenken, Mirjam. Gott segnet uns und er segnet durch uns. Aber wie könnten Menschen Gott segnen? Ist er nicht zu hoch über allem, als dass er unseres Segens bedürfte? Mir fehlt die Vorstellung dafür."

Mirjam denkt nach. Das war immer das Wunderbare an ihren Gesprächen, dass sie sich Ruhe gegönnt haben. Es braucht Zeit für Fragen und es braucht Zeit für mögliche Antworten. Das Schweigen hatte in ihren Gesprächen immer eine besondere Qualität.

„Ich denke, dass es die lebendige Beziehung zur Gottheit ausdrückt, wenn wir sie segnen. Mit unserem ganzen Menschsein wenden wir uns Gott zu und mit dem Wunsch, ganz mit ihm verbunden zu bleiben. Außerdem hat der Segen ja immer mit einer Kraft zu tun. Wenn Gott uns segnet, bekommen wir etwas von seiner Kraft. Und wenn wir Gott segnen, geben wir ihm etwas von unserer Kraft. Wir sagen mit dem Segen für Gott, dass wir unsere Kraft in den Dienst seiner Sache stellen."[47]

„Genau das wollte ich immer, Mirjam. Gesegnet sei Gott, der mich sehen lässt seine Güte im Land der Lebendigen.[48] Nun ist es genug. Sprich mir noch etwas zu, bitte."

„Die Hauptsumme von allem", so zitiert Mirjam die Schrift: „Fürchte Gott und halte seine Gebote.[49] Vor allem halte dich fern von übler Nachrede, strebe nach Gerechtigkeit und Frieden, kämpfe gegen Bestechung und gegen die Unterdrückung der Armen, Falschheit und Lüge lass fern von dir sein, steh den Kranken bei und tu deinen Mund auf für die Stummen und für die Sache aller, die verlassen sind, such mit den Fertigen ein Ziel und gib den betrübten Seelen Trost. So ist es geboten und dafür sollst du Anteil haben an der zukünftigen Welt. Du weißt ja, Rita: der Anteil, den ein Mensch in seinem Leben an der kommenden Welt gewonnen hat, geht ihm nicht verloren. In meiner Tradition heißt es: Wenn der Mensch von hinnen scheidet, geleiten ihn nicht Silber und Gold, nicht Edelsteine und Perlen, sondern sein Wissen und seine guten Werke."[50]

„Lech le shalom"[51], sagt Mirjam und hält die Hand ihrer Freundin, die noch einmal zufasst.

„Ich weiß", sagt Rita, „und danke. Gott segne auch dich." Und dann hält Mirjam die kraftlose Hand noch eine ganze Weile und spürt wie die Wärme langsam weicht.

Zugabe – Zeit der Umbrüche

Margareta hat – wie von einem wachen Geist nicht anders zu erwarten – viel von der Veränderungsluft ihres Zeitalters geschnuppert. Das 13. Jahrhundert war eine Zeit der Blüte mit ansteckender Wirkung. Wie viel hat sich ereignet im Hoch- und Spätmittelalter, dieser Zeitspanne großer Erfolge, dass man der Aussage misstraut, nie in der Geschichte hätte sich die Welt so rasant entwickelt wie in unserer Zeit? Nur weil die erste Mondlandung und die Erfindung des Computers in dieselbe Epoche gefallen sind, der Ersatz von Telegrafisten durch GPS, die Möglichkeit des fotografischen Selbstporträts zur Bestätigung des eigenen Daseins ebenso wie die Einführung von vier Wochen bezahlten Urlaubs pro Jahr und auch die künstliche Befruchtung.

Mit der Entwicklung von Städten haben sich die Lebensräume enorm verändert zu jener Zeit. Die Stadt ist ja mehr als die Ansammlung einer Anzahl von Häusern. Sie ist auch mehr als nur ein Wirtschaftsraum mit Produktionsstätten und Plätzen für den Handel. Sie ist das Abbild der gesellschaftlichen Beziehungen, sie zieht in ihren Linien die markanten Grenzen für das Leben, die Grenze zwischen dem Heiligen und dem Profanen, zwischen der Arbeit und der freien Zeit, zwischen dem, was in der Öffentlichkeit gezeigt wird und dem, was sich in den eigenen vier Wänden abspielt und nicht nach außen dringen darf. Die Stadt strukturiert das Leben. Die Menschen zieht es in die Stadt, weil hier das gesellschaftliche Ansehen spürbar wird. Wer immer auf dem Land lebt, gehört zur Schicht der Abhängigen. Wer in der Stadt zu Hause ist, strebt nach einem Zuhause nach dem Vorbild der Herrschaftlichen. Ob auf dem Land oder in der Stadt: Das Haus dient dem Bedürfnis, den eigenen Besitz vom Tisch über die Münze bis zum Kind unter einem Dach zu haben, ihn getrennt von den drohenden Gefahren außerhalb zu schützen – in der Stadt allerdings geschieht all dies exzessiver. Zur Stadt gehört der Überfluss.

Und der Überfluss prägt auch den Wirtschaftskreislauf; der Handel blüht auf zu Margaretas Zeiten. Italienische Kaufleute besuchen Messen in Belgien und Frankreich – die Hansestädte erleben ihre Blütezeit. Man begann, die Ozeane zu erschließen. Seewege wurden –trotz der Angst vieler Menschen vor dem Meer – zu Handelswegen. 1271 bereist Marco Polo die Seidenstraße. Im 13. Jahrhundert revolutioniert das Heckruder und das Lateinersegel, der Kompass und die Kartografie die Schifffahrt, erfahre ich bei Jaques LeGoff. Die Einführung von Münzen als Zahlungsmittel erleichtert den Handel ungemein. Seit 1252, da war Margareta noch ein Kind, ist in Florenz der Florin im Umlauf. Die 1237 gegründete Münzanstalt gibt den ersten Silberflorin heraus, mit dem man einen Laib Brot oder einen Liter Wein kaufen kann. Das ist nicht viel. Und weil das nicht viel ist, führt man bald den dreieinhalb Gramm schweren Goldflorin ein. Sein heutiger Wert wäre 120 Euro, sagen die Experten. Diese Münze wird am Ende des 13. Jahrhunderts in ganz Westeuropa im Umlauf sein. Auf der einen Seite ist das Wahrzeichen der Stadt eingeprägt, die Florentiner Lilie. Und die andere Seite, man muss es sich vorstellen, zeigt Johannes den Täufer, den Schutzpatron. Eine elegante Art, die bürgerlichen Werte mit den religiösen Traditionen zu verschmelzen.

Die Kaufleute in den Städten werden immer dominanter. Sie erlangen große Profite, beherrschen sowohl den Arbeits- als auch den Wohnungsmarkt, denn als Arbeitgeber sind sie zugleich Immobilienbesitzer. Und schließlich machen sie sich in den Stadträten breit, was ihnen die Möglichkeit verschafft, das Steuerwesen nach Gutdünken zu gestalten.

Neben dem Handel blüht auch das Architektur- und Bauwesen, getreu dem Motto: Wo gebaut wird, laufen die Geschäfte.

Schließlich gehört zu jener spannenden Zeit das Aufstreben der Schulen und Universitäten. Als erste erhält die Universität von Bologna den päpstlichen Zuspruch – 1252 – schon wieder diese Jahreszahl. Bildungsideale werden fortan in teilweise sehr langen Studiengängen geprägt. Die Verfeinerung der Buchkultur besteht in der Verbesserung der Zeichensetzung, der Einführung von Kapitelunterteilung und der Seitenränder zum Anbringen von Notizen. So kann man die Bücher einfacher nutzen. Sehr praktisch für die Studenten! Enzyklopädische Werke sammeln das zu jener Zeit verfügbare Gesamtwissen und machen es breiteren Kreisen zugänglich.

Während die Welt sich rasant dreht und der eine Fortschritt den nächsten jagt, zeigt sich der Klerus in den alten Feudalstrukturen fest verankert; bedeckt mit Gold und Edelsteinen, um deren Erhalt man zu fürchten hat. Franziskus aus Assisi soll gesagt haben: Wer großen Besitz hat, braucht auch Waffen, um ihn zu verteidigen. Beides ist der Kirche durchaus bewusst. Mit dem aufblühenden Handel und zunehmender Kapitalisierung rechtfertigt man auf einmal den Umgang mit Geld und Profit. Schließlich arbeiten die Kaufleute zum Nutzen der Allgemeinheit, was unter dem Strich als verdienstvoll anzusehen sei. Die wiederum zeigen sich für die Unterstützung erkenntlich durch Spenden für den Kirchenbau und die künstlerische Ausstattung. Und wenn man schon in der Rolle des Gebers ist, dann spart man nicht am Blattgold als Bildhintergrund, damit auch der letzte Kritiker einsieht, dass Geld und Heiligkeit kein Widerspruch sein müssen.

Man führt auch den Waffensegen ein zur Kanalisierung von Gewalt und um das Ungestüm der groben Ritter auf lohnende Ziele umzulenken, heißt es. Mit der Stiftung von Ritterorden setzt die Militarisierung der Kirche ein. Durch die Kreuzzüge hat man schon Übung darin, das Schwert zur Rettung von Ungläubigen zu gebrauchen. Aber von den Kreuzzügen ist man schon etwas abgekommen – kein Wunder bei all den Misserfolgen und den Niederlagen – und die Begeisterung für einen Kreuzzugsprediger wie Bernhard von Clairvaux ist längst abgekühlt.

Stattdessen lenkt man Energie und religiösen Eifer auf die internen Kreuzzüge mit Ausrottungswünschen gegenüber der Ketzerei und Stigmatisierung der Jüdinnen und Juden. Schon im 12. Jahrhundert predigte der Abt von Cluny gegen die Jüdischen – nun geht die Saat des Hasses langsam auf. Das Laterankonzil von 1215 verpflichtet nicht nur die Fürsten zur Bekämpfung der Ketzerei, sondern auch die Juden zum Tragen des ‚Judenflecks' als sichtbare Kennzeichnung auf der Kleidung. Der 1198 gewählte Papst Innozenz III. zeigt sich bei diesen Machenschaften äußerst engagiert.

Umgekehrt wird die aufkommende Marienfrömmigkeit gern gesehen und gefördert. 1215 wird das Ave-Maria zum festen Bestandteil der Buße. Maria steht für die Menschwerdung Gottes in dem Kind der Krippe von Bethlehem, für die Vereinigung von Gottheit und Menschheit. Das lässt sich gut einsetzen im Kampf gegen die Sekte der Katharer, die eine dualistische Weltsicht haben und gegenüber dem irdischen Bösen nur die jenseitige Sphäre als von Gott geschaffen glauben. Wo Interessen sind, finden sich auch Argumente.

Ja, die Kurie macht sich Sorgen. Besonders um die Kontrolle über ihre Gläubigen. Die sollen ihr auf keinen Fall abhandenkommen. Nicht zufällig erfindet man das Parochialsystem, die Ordnung in Einzelpfarreien, wie sie heute noch als Kirchengemeinden bekannt sind, in denen die „Hirten" bessere Möglichkeit haben, die „Schafe" zu „weiden" – heißt in diesem Fall: zu überwachen. Pflichtübungen im kirchlichen Bereich wie regelmäßiger Gottesdienstbesuch, Bußgang zum Beichtstuhl oder Ausübung der Sakramente setzen ein und nebenbei lassen sich auf diese Weise auch die Abtrünnigen identifizieren. Der Weg zur Etablierung der Inquisition ist nicht mehr weit.

So wie die Stadtentwicklung durch die Dialektik von Innen und Außen geprägt ist, so entwickelt sich im kirchlichen Raum durch die wissenschaftlichen Studien ein Blick auf die sich selbst prüfende Innerlichkeit. Sein wird gegen Schein erstrebt. Da scheint Kontrolle nötig, will man auf Macht und Privilegien nicht verzichten. Man kann nicht untätig bleiben in den Kardinalslogen und Rathäusern. Doch die Reformbewegung ist nicht mehr aufzuhalten, Selbstermächtigung wird praktiziert.

- - - - -

Anmerkungen

1. *Die Axt den Bäumen an die Wurzel gelegt* ... Matthäusevangelium, Kap.3, V.10.
2. *Reklusen:* Männer oder Frauen, die sehr zurückgezogen leben, um sich ganz auf ihre Beziehung zu Gott konzentrieren zu können.
3. Marco d'Eramo, Die Welt im Selfie, Berlin 2018.
4. *Der Tod als letzter Feind* ... 1. Korintherbrief, Kap. 15, V. 26.
5. *Ich habe dir heute vorgelegt das Leben und das Gute* ... 5. Buch Mose, Kap. 30, V. 19.
6. *Talmud* bedeutet das Studium der Tora (5 Bücher Mose) und gilt als Hauptwerk jüdischer Schriftauslegung; Lehrsätze und Erläuterungen zum Verständnis der Tora.
7. *Sabbat* ist der von Freitagabend bis Samstagabend dauernde Ruhetag im Judentum.
8. *Wohnungen in Gottes Haus* ... Johannesevangelium, Kap. 14, V. 2.
9. *Maimonides*, auch Moses ben Maimon, nordafrikanischer jüdischer Philosoph, Jurist und Arzt; bedeutender Gelehrter des Mittelalters (1138–1204).
10. *Die Seele soll eingebunden sein im Bündel des Lebens.* 1. Buch Samuel, Kap. 25, V. 29.
11. *Emmanuel Levinas*, französisch-litauischer Philosoph (1906–1995).
12. vgl. Klara Butting, *Der das Licht und die Finsternis schuf*, S. 134ff.
13. *Dennoch bleibe ich stets an dir* ... Psalm 73, V. 23f.
14. nach einer Übersetzung des Verses von Martin Buber.
15. *Geschichte vom verlorenen Sohn.* Lukasevangelium, Kap. 15, V. 11ff.
16. *Ora et labora* (lat.); übers.: Bete und arbeite!
17. *Papst Gregor I.*, auch: Gregor d. Große, gest. 604 n. Chr.
18. *Bonaventura:* Der Name bedeutet wörtlich „guter Wind".
19. *Ibn Sina*, latinisiert Avicenna, persischer Arzt, Naturwissenschaftler, Philosoph, Jurist und Dichter (980–1037).
20. *Zum Bilde Gottes geschaffen.* 1. Buch Mose, Kap. 1, V. 26f.
21. *David holt die Bundeslade nach Jerusalem.* 2. Buch Samuel, Kap. 6.
22. *Vögel haben Nester und Füchse Gruben* ... Matthäusevangelium, Kap. 8, V. 20.
23. *Man kann nicht Gott dienen und dem Mammon.* Matthäusevangelium, Kap. 6, V. 24.
24. *Joachim de Fiores*, Abt und Ordensgründer in Kalabrien (1135–1202).
25. *Papst Gregor IX.*, gest. 1241 in Rom.

26. *Gerardo Segarelli,* Sektengünder, als Häretiker verurteilt und hingerichtet (1240–1300).
27. *Die Zeit in Christus erfüllt.* Galaterbrief, Kap. 4, V. 4.
28. *Wo viele Worte sind, da hört man den Toren* ... Prediger, Kap. 5, V. 2.
29. *Geschichte Hagars.* 1. Buch Mose, Kap. 16 u. 21.
30. vgl. Helga Unger, 2005, S. 77.
31. *Die Frau lerne in der Stille* ... 1.Timotheusbrief, Kap. 2, V. 11f.
32. *Klarissen:* weiblicher Orden der Franziskaner, zurückgehend auf die Ordensgründerin Klara von Assisi.
33. *Gastfreiheit.* Hebräerbrief, Kap. 13, V. 2.
34. *Aller Augen schauen nach dir hin, Ewiger* ... Psalm 145, V. 15f.
35. *Baruch Schem* (hebr.), übers.: Gesegnet der Name (gemeint ist der göttl. Name).
36. *Gott hat kein Gefallen am Tod des Frevlers.* Hesekiel, Kap. 18, V. 23.
37. *Das Joch Jeremias.* Jeremia, Kap. 27, V. 2.
38. *Jesajas Nacktheit.* Jesaja, Kap.20, V. 3.
39. *Hesekiel schert sein Haar.* Hesekiel, Kap.5, V.1ff.
40. *Wo der Geist des Herrn ist, da ist Freiheit.* 2.Korintherbrief, Kap.3, V.17.
41. *Non olet,* eigentl. *Pecunia nun olet* (lat.), übers.: Geld stinkt nicht. Zurückgehend auf den röm. Kaiser Vespasian (9–79 n.Chr.), der eine Latrinensteuer erhob und sich vor seinem Sohn Titus mit diesen Worten rechtfertigte.
42. *Der Satan argumentiert biblisch.* Matthäusevangelium, Kap. 4, V. 6.
43. *Domini canes* (lat.), übers.: Hunde des Herrn; Verballhornung der Dominikaner.
44. *Roland Barthes,* französischer Philosoph und Schriftsteller (1915–1980).
45. *Wo viele Worte sind, da hört man den Toren* ... Prediger, Kap. 5, V. 2.
46. *Gesegnet sei Gott, der unser Gebet nicht verwirft* ... Psalm 66, V. 20.
47. vgl. Klara Butting, *In die Gänge kommen,* S. 164.
48. *Gesegnet sei Gott, der mich sehen lässt seine Güte* ... Psalm 27, V. 13.
49. *Die Hauptsumme von allem* ... Prediger, Kap. 12, V. 13.
50. *Wenn der Mensch von hinnen scheidet* ... Der babylonische Talmud, Masakheth Awoth 6, 9.
51. *Lech le shalom* (hebr.), übers.: Geh in Frieden.

Literatur

Angela of Foligno: *Complete works* (by Paul Lachance). New Jersey 1993.

Barthes, Roland: *Wie zusammen leben*. Frankfurt 2007.

Braudel, Fernand [u.a.]: *Die Welt des Mittelmeeres*. Frankfurt 2013.

Butler, Judith; Athanasiou, Athena: *Die Macht der Enteigneten*. Zürich/Berlin 2014.

Butting, Klara: *Der das Licht und die Finsternis schuf*. Uelzen 2018.

Butting, Klara: *In die Gänge kommen*. Uelzen 2018.

Duby, Georges: *Die Zeit der Kathedralen*. Frankfurt 1980.

Duby, Georges: *Wirklichkeit und höfischer Traum*. Berlin 1986.

Duby, Georges: *Die Frau ohne Stimme*. Berlin 1989.

Jalta – Positionen zur jüdischen Gegenwart. Ausgabe 1, Berlin 2017.

Lechner, Peter: *Das mystische Leben der heiligen Margareth von Cortona*. Regensburg 1862.

LeGoff, Jacques: *Die Geburt Europas im Mittelalter*. München 2014.

Porete, Marguerite: *Der Spiegel der einfachen Seelen*. Wiesbaden 2011.

Sölle, Dorothee: *Mystik und Widerstand*. Hamburg 1997.

Unger Helga: *Die Beginen*. Freiburg 2005.

Tipps für die Zeit nach diesem Buch

Geschichten, die das Leben schrieb

Marie Luise Blanke:
AM WINDTELEFON
Kurze Geschichten über Lebenswege, die berühren
ISBN 978-3-943580-31-0

Die Geschichten in diesem Buch sind wie die Gespräche an dem Windtelefon, das in Japan auf einem Hügel mit Meerblick steht und Menschen Trost spendet, die ihre Liebsten bei dem verheerenden Tsunami verloren haben. Das Telefon ist nicht angeschlossen, aber der Wind trägt die Botschaft von Seele zu Seele. ◀

Wie weit würdest du gehen, um dich selbst zu finden?

Tanja Lippuner Gaebert:
Ellen Lang – Die Suche nach den Auriern
ISBN 978-3-943580-29-7

Warum kann Ellen nicht lieben und nicht hassen? Ihr Studium der Psychologie lässt diese Frage unbeantwortet. Doch sie hat einen Verdacht. Es muss mit dem tragischen Unfall zusammenhängen, der sich ihrer Erinnerung beharrlich entzieht. Um herauszufinden, was damals geschah, wagt sie den Schritt in eine andere, uns allen unbekannte Welt. ◀

„Zeitzeugenliteratur im besten Sinne“
Prof. Dr. Guido Knopp

Hubertus Deick:
Zwischen Kreuz und Roter Fahne
Zeit der Reife 1945–1953
ISBN 978-3-943580-23-5

Dank eines Stipendiums darf Bert aufs Gymnasium – und das als Vollwaise und Flüchtlingskind vom Lande! Der Kirche bleibt er eng verbunden. Doch das wird immer schwieriger: Hier Pfarrer und katholische Jugend, dort der Lehrer, der Religion als „Opium des Volkes“ sieht. Wird Bert im Arbeiter- und Bauernstaat bestehen können? ◄

Aus der großen Zeit der Rheinschiffsmühlen

Jochen Frickel:
Die Kraft des Stromes
Historischer Heimatkrimi
ISBN 978-3-943580-16-7

Sommer 1898. Ein Raddampfer aus Holland bleibt nahe Mainz mit Maschinenschaden liegen: direkt vor den Ginsheimer Rheinschiffsmühlen. Bis zur Reparatur muss die Mannschaft in dem beschaulichen Altrheinort ausharren, wo sie alles andere als willkommen ist. Kaum sind die Fremden da, überschlagen sich die Ereignisse. ◄

Nichts für Überflieger

Roland Reischl: ***Einmal Chile***
Reisetagebuch auf den Spuren von Auswanderern und anderen Atlantikfahrern
ISBN 978-3-943580-06-8

Per Bahn, Containerschiff und Bus reist Reischl 1999 in 26 Tagen von Köln bis nach Santiago de Chile: über Bremerhaven, Lissabon, Santos und Buenos Aires. In dem reichhaltig schwarz-weiß bebilderten Reisetagebuch lässt der Journalist seine Eindrücke mit überlieferten Passagen von Auswanderern und anderen Atlantikfahrern verschwimmen. ◄

Wie konnte das passieren?

Daniel Lenski:
Die Spaltung der Evangelisch-Lutherischen Kirche in Chile 1974/75
Hgg. vom Rat der Lutherischen Kirchen in Chile. Zweisprachig. ISBN 978-3-943580-03-7

Mit ihrem Einsatz für politisch Verfolgte reagierten Helmut Frenz und andere evangelische deutsche Pfarrer in Chile auf die Menschenrechtsverletzungen unter Pinochet. In seiner theologischen Abschlussarbeit analysiert der Autor die heftigen Irritationen, die dieses Engagement in den einst von deutschen Einwanderern gegründeten Gemeinden auslöste. ◄

---

www.rr-verlag.de

Dank

Dank möchte ich der Evangelischen Kirche in Hessen und Nassau sagen, die es Pfarrerinnen und Pfarrern erlaubt, alle zehn Jahren eine dreimonatige Studienzeit zu nehmen, sich darin einem speziellen Interesse zu widmen, Eindrücke zu gewinnen, besondere Erfahrungen zu sammeln und sich auch zu erholen.

Dankbar bin ich auch Johanna Wittmann, Leiterin der Evangelischen Akademie im Saarland, Freundin und Kollegin, die das Mentorat während der Studienzeit übernommen hat.

Für das sorgfältige und in jeder Phase zuverlässige Lektorat danke ich Roland Reischl, der mit spürbarem Interesse in die Themenvielfalt eingetaucht ist und an vielen Stellen mit fachlicher Erfahrung und Hintergrundwissen zum Gelingen beigetragen hat. Die Kontakte während des Redigierens waren unkompliziert und bereichernd; einfach ein Genuss.

Allen Freundinnen und Freunden, Weggenossinnen und Weggenossen, Kolleginnen und Kollegen, die sich im Lauf der Entwicklung des Buches immer wieder interessiert meine Ideen angehört haben und ihre Eindrücke und Anregungen großzügig zur Verfügung gestellt haben, gilt mein Dank.

Ein besonderer Dank gilt Jutta, der Gefährtin im Leben, die die Reisen nach Italien begleitet und mit Sprachkenntnis erleichtert, die Recherchen mit anregender Neugier und Inspiration unterstützt und mit Liebe zur Literatur die Entstehung des Buches in jedem Abschnitt befördert hat.

Bernd Nagel,
1963 in Rüsselsheim geboren, arbeitet als Pfarrer und Studienleiter für Seelsorgefortbildung im hessischen Friedberg und in Frankfurt. Daneben ist er tätig als Supervisor, Coach und Autor.